... für die Menschen bestellt

40 Jahre Seelsorge – Rückblick – Ausblick

Bruno Fink

Vorwort

Neulich blätterte ich in einem Album und fand das Foto, das mich als Mitglied der Fußballmannschaft des Germanicums zeigt – natürlich mit „knallrotem" Trikot, die traditionelle Farbe unseres römischen Seminars. Ich ließ mir damals mehrere Fotoabzüge machen. Ein Jahr später, als ich nach der Primiz einen Besuch bei meiner Tante abstattete und ihr mein Primizbildchen überreichte, war sie enttäuscht, weil darauf kein Foto von mir zu sehen war. Da schenkte ich ihr mein Fußballerfoto und fügte scherzend hinzu: Das ist ein „modernes" Primizbildchen.

Priestersein – wie ein Fußballspiel? Das klingt leichtfertig, ja sogar verwegen. So war es nicht gemeint. In der Seelsorge geht es nicht darum, wer am schnellsten rennt, wer am höchsten springt, wer am kräftigsten auf den Ball drischt oder wer ins rechte Eck trifft. In der Seelsorge geht es um etwas „Zarteres", etwas Innerliches: um die Botschaft Jesu, um den Glauben und um die Menschen, um ihre Sorgen und Hoffnungen. In der Seelsorge zählt eher das leise, aber treffende Wort.

Umso brennender die Frage: Was waren damals die Erwartungen an meine Zukunft als Priester? Ich fühle mich nicht in der Lage, es im Einzelnen wiederzugeben. Ich erinnere mich nur an zwei Ziele, die mir wichtig waren. Als Primizspruch hatte ich mir ausgesucht:

„Ihr sollt meine Zeugen sein!" das Wort des Auferstandenen zum Abschied und Auftrag an seine Jünger. Ja, ich wollte die Frohe Botschaft von Christus verkünden. Das zweite: Ich wollte immer ein Seelsorger für die Menschen sein.

Der Priester ist zum Dienst für die Menschen bestimmt, so lautet ein Wort aus der Weiheliturgie. Heute nach knapp 50 Jahren gehen meine Gedanken oft zurück an die verschiedenen Stationen meines priesterlichen Wirkens. Gerne erzähle ich Freunden oder Bekannten, wie es mir ergangen war, als Kaplan, als Pfarrer. Meine Mitbrüder haben oft ähnliche Erfahrungen gemacht und können durch Schilderungen aus ihrer Zeit vieles bestätigen und ergänzen. Anders ist es bei den übrigen Mitmenschen, die zwar verschiedene Geistliche kennen, jedoch wenig Ahnung haben, wie deren Alltag abläuft.

So langsam – vor allem jetzt im Ruhestand – erwachte in mir die Idee, aus meiner Tätigkeit als Kaplan bzw. Pfarrer zu berichten. Zum einen, weil ich zur Überzeugung gekommen bin, Priester müssen von ihrem Alltag erzählen. Die Leute müssen erfahren, was einen Seelsorger alles bewegt, was ihn bedrückt und bedrängt. Zu diesem Thema findet sich nicht viel Literatur. Zum anderen, weil ganz offenkundig ist, dass Leben und Arbeitsweise eines Priesters, speziell eines Pfarrers, großen Veränderungen unterworfen sein werden. Als ich dann erfuhr, dass im Rahmen des Synodalen Wegs der deutschen Diözesen Dienst und Leben der Priester zentrale Themenfelder sein werden – und das zu Recht! – da stand mein Entschluss fest, in einem kleinen Buch festzuhalten, wie es mir ergangen war. Und selbstredend versuche ich auch ein paar Schlussfolgerungen für die Zukunft des priesterlichen Dienstes zu entwerfen.

Ich darf zu meiner Zeit als Seelsorger ergänzen: Ich war in 3 verschiedenen Pfarreien Kaplan – leider jeweils nur ein Jahr. Außerdem war ich 3 Jahre Präfekt am Erzbischöflichen Studienseminar und viermal Pfarrer (insgesamt 30 Jahre), dabei zusätzlich dreimal Dekan (insgesamt 15 Jahre). Die Mehrzahl meiner Zeit als Seelsorger verbrachte ich in der Großstadt München. Ich war aber auch in Garching bei München sowie zuletzt 14 Jahre in Prien am Chiemsee. Ich kenne also die Situation in der Großstadt, in einer Kleinstadt sowie im ländlichen Raum. An Erfahrung mangelt es also nicht.

In diesen gut vier Jahrzehnten habe ich mich redlich bemüht, meine Aufgaben zu erfüllen. Doch letztlich konnte ich – wie wohl alle meine Mitbrüder – nur mit meinen schlichten Händen nach dem „Wasser des Lebens" graben. Rückblickend möchte ich sagen: Ich war gerne Seelsorger. Ich war gerne Kaplan oder Pfarrer. Vielleicht hilft dieses Büchlein, junge Männer zu ermutigen, den gleichen Weg zu gehen. Seelsorger sein, das heißt bestellt sein zum Dienst für die Menschen. Es ist und bleibt ein lohnenswerter Beruf. Ich danke Gott, dass er mich zu diesem Dienst geweckt und geführt hat.

Ottobeuren, am Fest des hl. Bonifatius, 5. Juni 2020

Gliederung

1. Ein erster Rundblick 9
2. Alltag im Pfarrleben 15
3. Die Zusammenarbeit der verschiedenen pastoralen Berufe 35
4. Zurück zur alten Kirche? 39
5. Thema Sprache und Liturgie 49
6. Die liturgischen Bücher 56
7. Pfarrei und Schule 89
8. Kirche und Jugend 98
9. Sakramente und Sakramentenvorbereitung 104
10. Pfarrei und öffentliches Leben 120
11. Pfarrei und Ökumene vor Ort 128
12. Kirche und das liebe Geld 138
13. Zum Thema Moral 147
14. Priesterliche Identität 158
15. Abschließende Überlegungen
    A) Gottesdienst und „geistliche Heimat" 175
    B) Zukunft der Kirche 182
    Gedanken zum Ausklang 189

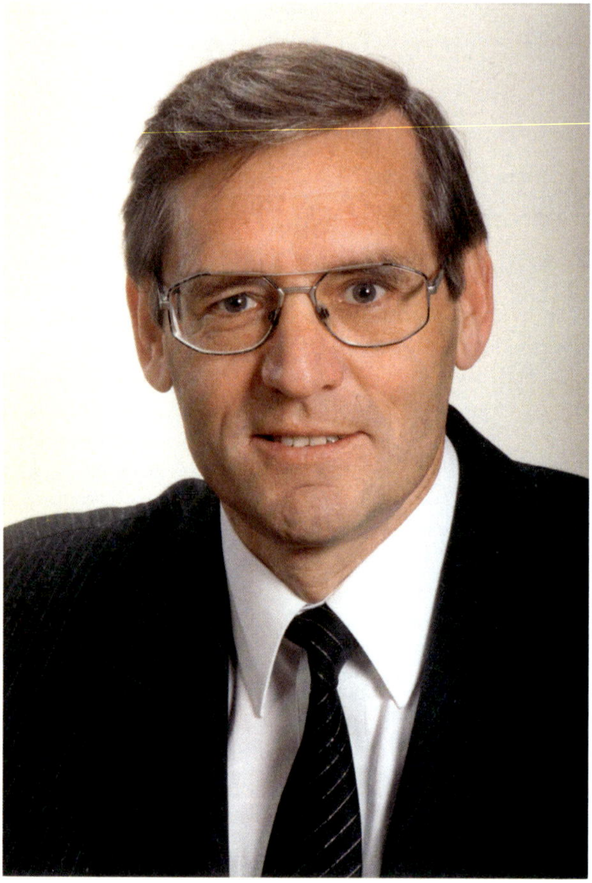

1. Ein erster Rundblick

Welcher Seelsorger erinnert sich nicht an den ersten festlichen Empfang in seiner Pfarrei. Zum großen Einzug hat sich eine vielköpfige Ministrantenschar versammelt. Viele Freunde und Gäste haben die Einladung angenommen. Und natürlich sind die Vertreter der neuen Gemeinde mit Pfarrgemeinderäten, Kirchenpfleger, Lektoren, Ordnern und Vereinen versammelt. Der Organist zieht alle Register. Der Kirchenchor lässt seine Stimmen erschallen. Die Gläubigen warten gespannt auf den Neuen. Ich selbst durfte dies viermal erleben. Es war jedesmal ein eindrucksvolles Fest. Man fühlte die hohen Erwartungen, wenn man in die Gesichter der Leute blickte. Wie wird er sein, der neue Pfarrer? Versteht er es, auf die Menschen zuzugehen? Hat er Verständnis für die Sorgen der einfachen Leute vor Ort? Vermag er klar und lebendig zu predigen? Was wünscht sich ein neuer Pfarrer mehr: Volle Kirchen, zahlreiche Besucher, die kräftig mitsingen und mitbeten, Menschen, die aufmerksam zuhören. Ja, so macht es Freude, Gottesdienst zu feiern!

So in etwa dachte ich am Beginn meiner Seelsorgs-Tätigkeit. Ich konnte in Hunderte erwartungsfroher Gesichter blicken. Ich empfand es jeweils als große Ermutigung, dass die Versammelten nicht bloß auf einen neuen Pfarrer warteten, sondern von ihm etwas „er"-warteten. Es tut gut zu spüren, dass man als ausgebildeter Theologe mit einer gewissen Erfahrung gefragt ist. Letztlich suchen sie den „gläubigen Mitmenschen". Darin wird er bald gefordert sein! Natürlich bin ich mir – nach über vierzig Jahren – bewusst, dass ich vielen Erwartungen nicht entsprechen konnte. Doch ich hoffe, dass die Leute mich als Mensch erlebt haben, der bemüht war, seine ganze Kraft für die kirchliche Sache vor Ort einzubringen und der darum gerungen hat, die Frohe Botschaft Christi überzeugend und klar, aber trotzdem auch menschlich und einfach zu bezeugen.

Bei der Einführung, wie gesagt, da erlebt ein Pfarrer eine Kirche, die bis auf den letzten Platz gefüllt ist. Ich trat meine erste Pfarrstelle in München-Maria Ramersdorf kurz vor Weihnachten an. Die Feier der Kindermette am Nachmittag des 24.12. war einer meiner ersten großen Gottesdienste. Vor allem Familien mit Kindern waren gekommen. Die Religionslehrerin hatte ein Krippenspiel vorbereitet, das alle in der Kirche aufmerksam verfolgten. Doch schon bald nach den Feiertagen musste ich das Gegenteil erleben. Selbst im Hauptgottesdienst am Sonntag um 10.00 Uhr konnte ich nur vereinzelt ein paar Kinder entdecken, außer den Ministranten, die meist schon im jugendlichen Alter waren. Wo waren die Kinder geblieben?

Ein neuer Pfarrer muss sich erst einmal orientieren. Auf welche Personen kann ich mich in meiner Arbeit stützen? Die erste Pfarrei, die mir zugeteilt war, war rund ein halbes Jahr verwaist. Ein Ruhestandspriester hatte so gut wie ihm möglich die Dienste in der Zwischenzeit übernommen. Es zeigte sich bald, dass er – wohl auch auf Grund der Belastungen der vergangenen Monate – gesundheitlich „angeschlagen" war. Er wollte bald eine Kur antreten. Weitere pastorale Mitarbeiter wie Kaplan, Gemeinde- oder Pastoralreferent/-in gab es nicht. In der Sakristei stand eine Ordensfrau, die im Gotteshaus alles aufs Beste betreute. Auch das Pfarrbüro war von einem Pfarrsekretär solide geführt. Es gab einen erfahrenen Kirchenmusiker, der an Festtagen gewandt den Chor dirigierte. Soweit war alles wohl geordnet und geregelt.

Ich versuchte sobald wie möglich, Kontakt aufzunehmen mit dem Pfarrgemeinderatsvorsitzenden, dem Kirchenpfleger, mit der Kath. Arbeiternehmer-Bewegung – dem einzigen kirchlichen Verband mit „Verankerung" in der Pfarrei. Beim Kontakt mit den Seelsorgern der Nachbarpfarreien wurde schnell ein Problem sichtbar: Man hielt die „Grenzlinien" für wenig glücklich. Die Nachbarpfarrer ärgerten sich, wenn „ihre" Gläubigen zur Taufe oder Trauung, manchmal auch für

Beerdigungen zur Wallfahrtskirche drängten. Manche Aktiven aus meiner Gemeinde strebten in die Nachbarpfarreien, weil es dort bessere Räumlichkeiten oder eine vielfältigere Verbandsarbeit gab. Musikfreunde – gleich ob klassisch oder rhythmisch modern orientiert – waren ohnedies immer auf der Suche nach dem nächstbesten Event. Ganz besonders die Familien fühlten sich hin- und hergerissen, weil die Schulen oder die Kindertagesstätten einen anderen Einzugsbereich hatten.

Eine besondere Schwierigkeit in der Organisation ergab sich ferner aus der Tatsache, dass die Kirche und das Pfarrhaus wie auf einer „Insel" gelegen waren, umgeben von breiten Strassen, „umflossen von einem unaufhörlichen Strom" von Fahrzeugen, Autos, Lastwagen. Bis zum Jahr 1992 überflogen zusätzlich Hunderte von Flugzeugen den Stadtteil. Innerhalb dieser Insel – umwogt vom Verkehr – wohnten kaum Menschen. Alle Besucher hatten einen Fußweg zur Kirche von mindestens 10 Minuten oder mehr. Eltern hatten oft Bedenken, ihre Kinder allein zur Kirche zu schicken. Außerdem zerfiel das Pfarrgebiet soziologisch in drei Gruppen: Einige wohlsituierte Eigenheimbesitzer, eine zweite Gruppe wohnte in solide ausgestatteten Wohnungen einer städtischen Wohnungsgenossenschaft. Eine dritte Gruppe lebte in städtischen Notunterkünften. Diese drei Gruppen hielten im allgemeinen auch wenig Kontakt untereinander.

Nach rund einem Monat erster Eingewöhnung hatte ich so einen groben Überblick über die „sozialen Baustellen" – wie ich es nennen möchte. Ich kannte meine wichtigsten Kontaktpersonen und konnte in etwa abschätzen, wo diese mir Hilfsdienste leisten konnten.

Ich erinnere mich noch gut. Beim Empfang zu meiner Amtseinführung hatte ich den Versammelten munter und energiegeladen zugerufen: „Morgen früh, liebe Gemeinde, heißt es: Los geht's! Ramadama!" *(Dies in Ableitung vom Namen des Stadtbezirks „Ramersdorf".).* Ich bilde mir auch ein, energievoll an meine Aufgabe herangegangen zu sein. Doch die „äußerlichen" Probleme der Pfarrei sollten schneller als gedacht meine Energien aufsaugen.

Da war zum einen die dringend erforderliche Renovierung des Pfarrhauses, das zwar schön und geräumig, jedoch in vielem unpraktisch, veraltet und auch etwas vermodert war. Es stellte sich bald heraus, dass es ein Fehler war, als neuer Pfarrer sogleich die Wohnung dort zu beziehen. Denn die umfassenden Bauarbeiten zwangen mich, nach ein paar Monaten das Haus wieder zu verlassen. Es folgten unendlich viele Gespräche, Termine, Sitzungen. Nun will ich nicht näher auf die Details eingehen. Wer sich auskennt, weiß, dass bei solchem Unterfangen, zudem bei einem denkmalgeschützten Objekt und bei unterschiedlichen Kompetenzen, die Wochen und Monate nur so dahinfließen. Es dauerte schließlich 18 Monate, bis ich endgültig im Pfarrhaus Wohnung nehmen konnte.

Ich hatte kaum mein Amt angetreten, da wurde mir eröffnet, dass mich eine weitere „Baustelle" erwartete: Die Orgel der Pfarrkirche wies eine Reihe von Mängel auf. Dabei weiß jeder, für eine Renovierung oder gar komplette Erneuerung der Orgel muss die Pfarrgemeinde das Geld selbst aufbringen. Doch der Stand der Rücklagen, den ich übernehmen konnte, lag nahezu bei Null. Größere Spenden und Einnahmen waren nicht zu erwarten. Guter Rat – im wahrsten Sinn des Wortes – war „teuer".

Noch ein weiteres Problem sollte in den folgenden Jahren mein Engagement mächtig in Anspruch nehmen. Unsere Pfarrkirche mit Turm, Sakristei und mit umliegender Grünanlage, früher ein Friedhof, wurde zwar von einer tüchtigen Ordensfrau bestens gepflegt und versorgt, doch für das Pfarrhaus, den großen Pfarrgarten, das Pfarrheim, das obendrein auf der anderen Seite der breiten Autostraße (Mittlerer Ring Münchens) lag, sowie zwei weitere pfarreigene Gebäude gab es nur eingeschränkt angestellte Dienste. Wenn man um personelle Hilfe im Ordinariat nachfragte, so wurde unverzüglich mitgeteilt, dass unser Stellenplan „ausgeschöpft" sei. Es hieß: Wir in der Pfarrei müssten uns auf der Basis des Ehrenamts diesen Aufgaben stellen. Ich selbst war am Anfang wohl etwas zu blauäugig. Mit eigenen Händen anzupacken, das machte mir nichts aus. Arbeiten war ich gewohnt. Ich fühlte mich kräftig und zupackend. Zu spät erkannte ich, dass ich schneller als gedacht zu einem „pastoralen Hausmeister" wurde. Denn Aufgaben, die man einmal übernommen hat, wird man nicht mehr los. Schlussendlich musste ich feststellen, dass ich teilweise bis zu 20 % meiner Arbeitskraft für Hausmeisterdienste eingebracht habe.

Ich will an dieser Stelle nicht in Details eingehen. Doch es lohnt, einige Ergebnisse an Zahlen sich vor Augen zu halten, wie ich sie nach 12 Jahren als Pfarrer von Maria Ramersdorf erleben konnte. Mein Ziel am Beginn war, die Zahl der Gottesdienstbesucher am Sonntag wieder zu steigern. Das gelang sogar in den ersten Jahren. Mit Unterstützung durch einen Ruhestandspriester, teilweise einen Kaplan, teilweise einen ständigen Diakon konnten wir zeitweise das Messangebot erweitern. Vor allem das Angebot einer Messe am späten Sonntag-Vormittag lockte eine Reihe von Gläubigen an. Doch am Ende musste auch ich feststellen: Im Durchschnitt verlor die Pfarrgemeinde innerhalb dieser Jahre rund ein Drittel der Sonntagsbesucher. Noch intensiver war der Einbruch an den Werktagen. Nach den 12 Jahren waren es nur noch etwa die Hälfte. Ganz besonders schmerzlich war das Ausbleiben von Kindern und Jugendlichen. Vorschulkinder kamen nur wenige, kaum Grundschüler, kaum Schüler der Sekundarstufen 1 und 2, es sei denn, sie hatten sich zum Ministrantendienst entschlossen. Zur Ergänzung mag noch erwähnenswert sein: Auch in Prien, meiner 4. Pfarrstelle, verlor die Kirchengemeinde während meiner 14 Jahre rund ein Drittel an Gottesdienstbesuchern sonntags und etwa die Hälfte an Werktagen.

Es gab eine Ausnahme: An der Pfarr- und Wallfahrtskirche Maria Ramersdorf gab es die Tradition der täglichen Marienandachten im Monat Mai, was ich in meiner Zeit auch die ganzen 12 Jahre durchhielt, sowie den „Frauendreißiger", eine Wallfahrtszeit vom 15. August (Fest Maria Himmelfahrt) bis zum 14. September (Fest der Kreuzerhöhung) mit täglichen Andachten und einer Abendmesse. Ich habe mich um eine würdige, abwechslungsreiche und theologisch-religiös anspruchsvolle Gestaltung dieser Andachten sehr bemüht. Erstaunlicher Weise blieb die Zahl der Besucher, die freilich oft aus dem weitläufigen Stadtgebiet herkamen, weitgehend gleich. Der Altersdurchschnitt lag freilich deutlich über 60 Jahre.

Ergänzend nennen möchte ich auch die Zahlen der Beichtenden. Vor allem am Anfang während der Wallfahrtszeit mit täglichem Beichtangebot war ich als Beichtvater sehr in Anspruch genommen. Doch gegen Ende meiner Zeit sank diese Zahl fast auf ein Viertel! Gleich geblieben sind über die Jahre die Anzahl der Begräbnisse, der Taufen, der Trauungen. Auch die Zahl der Erstkommunionkinder und der Firmlinge blieb weitgehend konstant. Dabei bewährte sich die Praxis der pfarrinternen Sakramentenvorbereitung.

Rückblickend möchte ich noch ein paar weitere Details festhalten: In der Jugendarbeit taten wir alle uns sehr schwer. Einzelne Initiativen waren gut gemeint, versandeten jedoch meist nach 1–2 Jahren. Erfolgreicher war die Wiedergründung des Kath. Frauenbundes, die eine Reihe vielfältiger Aktivitäten einbezog. Der Diakon, selbst verheiratet, begründete einen Familienkreis. Sehr wichtig und hilfreich war auch die Begründung einer Caritas-Bezirksstelle in den Räumen neben der Pfarrkirche. Hier fand sich eine ganz andere „Klientel", oftmals Menschen, die anklopften auf Grund der vielfachen Notlagen einer modernen Großstadt.

Eine kurze Begegnung muss ich abschließend noch erwähnen. Auf dem Weg über den alten Kirchfriedhof begegnete ich einem Mann, der ehrenamtlich gerade eines der alten Grabkreuze reinigte. Er grüßte mich und sagte: Herr Pfarrer, seitdem Sie in der Pfarrei sind, macht es mir wieder Freude, mich für die Gemeinde zu engagieren. Ich meine, treffender kann man nicht ausdrücken, was das Ziel jeder Gemeindeseelsorge ist: Den Menschen Möglichkeiten zu bieten, wie sie sich für die gemeinsame Sache engagieren können; sie darin zu ermutigen und zu bestärken.

2. Alltag im Pfarrleben

„Was macht ein Pfarrer am Beginn seiner Amtszeit?" Antwort: „Er schaut ein Jahr zum Fenster hinaus und beobachtet, was sich in seiner Gemeinde tut." Dieser Spruch ist seit Generationen bekannt. Er offenbart keine sehr wohlwollende Meinung. Ein kleines Fünkchen Wahrheit steckt freilich dahinter. Seelsorge stürmt einem nicht entgegen wie eine Flutwelle an das Ufer. Die religiösen Dinge drängen nicht vor. Im Alltag kann man Gott schnell und leicht ins Abseits stellen. Auch ein Pfarrer kann schnell ins Abseits geraten.

Doch im Konkreten verläuft der Beginn eines Dienstes als Pfarrer anders. Kaum angekommen, steht vielleicht schon eine Beerdigung an. Vermutlich – besonders wenn ein paar Wochen „Vakanz" dazwischen lagen – sind einige Taufen oder Trauungen vorgemerkt. Und natürlich klopfen die Gremien der Pfarrei wie Pfarrgemeinderat, Kirchenverwaltung – heutzutage oft noch in erweiterter Form als Pfarrverbands- oder Pastoralrat – an die Pfarrhoftür. Glücklich der Pfarrer, bei dem der Umzug glatt vonstatten ging und der unbeschwert von Alltagsproblemen sich seinen neuen Aufgaben mit frischen Kräften widmen kann.

Vor Jahrhunderten war der Pfarrer – vielleicht? – so genau weiß es niemand – eine bestimmende Persönlichkeit am Ort. Heute wird das Geschehen des öffentlichen Lebens durch andere Personen und Gesetze geregelt. Das sind der/ die Bürgermeister/-in, der Geschäftsführer im Gemeindeamt, die Rektoren der Schulen, der Chefredakteur der örtlichen Presse, die Vorsitzenden der Vereine und Arbeitsgemeinschaften, die verantwortlichen Ärzte in den Kliniken oder sogar der Leiter der örtlichen Polizeidienststelle. Die Situation stellt sich in den Großstädten anders dar, wo ein einzelner Pfarrer im großen Geschehen nahezu untergeht. In den Kleinstädten, den Mittelzentren oder eben in den Dorfgemeinden mag ihm vielleicht noch eine besondere Aufmerksamkeit zukommen. Heutzutage, wo meist große Pfarreiengemeinschaften dominieren, wird der Einstieg noch unübersichtlicher.

Wie eingangs schon erzählt, hatte ich mir für die ersten Wochen stets vorgenommen, die wichtigsten Familien kennen zu lernen: Jene aus den Gremien der Pfarrei, aus dem Kreis der Minstranten und Aktiven in den kirchlichen Vereinen usw. Je besser der Pfarrer diese Leute kennt, umso besser kann er in Erfahrung bringen, wo die Stärken, wo die Schwachpunkte seiner neuen Gemeinde liegen. Umso leichter findet er auch Helfer, wenn es gilt, einmal eine Initiative zu starten. Nun, meine Erfahrungen gründen vorwiegend auf der Situation einer Einzelpfarrei, also einer noch überschaubaren Seelsorgseinheit: Wenn heute Pfarreiengemeinschaften zusammengeschlossen werden mit sieben, zehn oder noch mehr Kirchenstiftungen, mit 10.000 und mehr Gläubigen, da wird dem neuen Seelsorger keine Zeit mehr bleiben, „seine Leute" halbwegs kennen zu lernen. Ich bin ehrlich gesagt froh, dass der Pfarrverband Prien-Rimsting mit rund 8000 Katholiken bei ca. 15.000 Einwohnern gerade noch an der Grenze des „Überschaubaren" lag.

Entscheidend für die Organisation der Gottesdienste, der Sakramentenspendung, der pfarrlichen Veranstaltungen ist eine gute Zusammenarbeit mit den pastoralen Mitarbeiterinnen und Mitarbeitern. Dabei gibt es große Unterschiede. An meiner ersten Pfarrstelle gab es zunächst keine pastoralen Mitarbeiter. Der Ruhestandsgeistliche, der im Nebenhaus wohnte, trat kurz nach meinem Start eine Kur an. Wenige Wochen danach zeigte sich, dass sein Gesundheitszustand immer bedenklicher wurde. Es war sofort klar: Alle Aufgaben der Seelsorge musste ich als Pfarrer allein stemmen. In einer anderen Gemeinde waren drei erfahrene, gut ausgebildete Pastoralassistentinnen bzw. -assistenten zur Stelle. Sie hatten schon klare Vorstellungen von ihrem Aufgabengebiet, das sie auch zuverlässig erledigten. Es blieb noch genug an Aufgaben für den Pfarrer. Im Zusammenspiel mit den verschiedenen pastoralen Diensten ist Vertrauen und Wertschätzung füreinander wichtig. Dabei nimmt man im Allgemeinen an: Ein Pfarrer wird ja ohnedies mit Lob überhäuft – was fraglich erscheinen mag; die übrigen pastoralen Mitarbeiter hingegen müssten sich die Anerkennung bei den Leuten erst „erarbeiten". Ein kluger Pfarrer wird versuchen, den anderen Diensten – sei es einem Diakon, einem Gemeinde- oder Pastoralreferent oder einer Referentin – Möglichkeiten zu eröffnen, wie sie neben ihren speziellen Aufgaben bei Andachten, Wort-Gottes-Feiern oder in Vorträgen ihre Fähigkeiten einbringen können. Viele der Mitarbeiterinnen und Mitarbeiter hatten eigene Ideen, die dem Gemeindeleben gut taten.

Eines darf jedoch nicht übersehen werden: Der Pfarrer steht meist im Zentrum der Anfragen und Anforderungen. Die Sakramentenspendung fällt ihm zu – es sei denn, ein Diakon kann Taufen und Trauungen übernehmen. Da der Pfarrer auch Vorsitzender der Kirchenstiftung ist, kommt ihm rechtlich eine besondere Stellung zu. Oft ist er satzungsgemäß Mitglied in kirchlichen Vereinen wie einem Krankenpflegeverein, dem Sozialdienst Katholischer Frauen, dem Kindergartenverein und anderes mehr. Heute wird vielfach versucht, den Pfarrer gerade auf diesem Gebiet durch einen Pfarrverwalter oder eine -verwalterin zu entlasten, was sinnvoll ist. Ich selbst konnte darauf freilich in meiner aktiven Zeit nicht zurückgreifen. Jeder, der ein wenig in die Pfarrarbeit „hineinschnuppern" konnte, weiß wie schnell der Terminkalender eines Pfarrers voll ist, wie selbst ein „freier" Tag oft hintangestellt werden muss.

Im Allgemeinen wird heute oft betont, dass die kirchlichen Vereine wie Frauenbund, Kolping, KAB, Männerverein und andere ihren Einfluss auf die Gesellschaft verloren haben. Es gibt große Unterschiede. In einer Gemeinde sind die Mitglieder deutlich überaltert, so dass kaum Impulse für die Pfarrgemeinde und gar darüber hinaus zu erwarten sind. Hier gilt trotz allem das Wort: Man soll den glimmenden Docht nicht löschen! Ein andermal sind die Gruppen dynamisch, überlegen sich – oft ohne Zutun des Pfarrers – Aktionen wie Ausstellungen, Wanderungen, Vorträge, Diskussionen, Theateraufführungen. Seelsorger sollten hellhörig sein, wenn aus diesen Kreisen manchmal Kritik an Dingen in der Pfarrei anklingt. Wie gut, wenn die Verhältnisse einmal aus einem anderen Blickwinkel betrachtet werden.

Sehr unterschiedlich erfolgen die Anfragen nach Hausbesuchen durch den Pfarrer und die übrigen pastoralen Mitarbeiter. In mehr dörflich geprägten Gemeinden warten oft Dutzende gebrechliche Menschen, dass der Pfarrer sie besucht und möglichst am Herz-Jesu-Freitag ihnen die Hl. Kommunion reicht. Vielfach ist es nötig, diese Aufgaben an Mitarbeiter und ehrenamtliche Helfer zu delegieren. Viele Gemeinden versuchen auch den Mitgliedern zum runden Geburtstag oder Jubiläum einen Gruß zu senden und ihnen vielleicht ein kleines Geschenk zu überreichen. Dieses Unterfangen geschickt durchzuführen ist freilich schwieriger, als die meisten glauben. Oftmals trifft man die gesuchten Personen nicht in der Wohnung an. Oftmals war schon ein Vertreter des Bürgermeisters da und brachte ein viel aufwendigeres Geschenk, als die Pfarrei beisteuern kann. Viele drängen den Pfarrer zum Verweilen, wobei dann jedes Telefonat den Gesprächsfluss abbricht, ebenso auch jeder weitere Besucher. So begrüßenswert es im ersten Moment erscheinen mag, wenn der Pfarrer selbst Gratulationsbesuche vornimmt. Im Nachhinein betrachtet, kann ich nicht umhin, festzustellen, dass dabei viel Zeit verloren geht und es nur selten gelingt, ein etwas eingehenderes Gespräch zu führen.

Die Sorge um die Kranken ist dem Priester und damit allen Seelsorgern bereits durch die Weihe aufgetragen. Kirchliche Einrichtungen waren über Jahrhunderte Zufluchtstätten für Kranke, Alte, Gebrechliche. Das moderne Gesundheitswesen ist natürlich viel weitläufiger. In der Großstadt konzentriert sich der medizinische Bereich auf die großen Kliniken mit ihrer hohen medizinischen und technischen Ausstattung. Wenn in München ein Pfarrer „seine Kranken" in einer der Kliniken besuchen will, braucht er Zeit. Meist ist die Anfahrt schon aufwendig. Die Parkplätze im Umfeld sind alle belegt. Am besten nutzt er öffentliche Verkehrsmittel. Meist muss man sich etwas mühsam durchfragen und durch lange Gänge ziehen, bis man das gesuchte Zimmer und den gewünschten Patienten erreicht.

Das Mittelzentrum Prien hatte einen ganz eigenen Schwerpunkt: seine Kliniken. Es gibt dort das RoMed-Kreisklinikum, eine Psychosoziale Klinik, 2 Reha-Kliniken und 2 Alten-und Pflegeheime. Auch eine eigene Klinikseelsorge mit zwei Mitarbeitern war vorhanden. Für uns in der Pfarrei war es sehr hilfreich, wenn diese Stelle uns einmal in der Woche eine Liste der aktuellen Patienten aus der Pfarrei zusandte. Einer von uns Seelsorgern machte sich auf den Weg, um diese zu besuchen. So erreichten wir des öfteren Leute, die wir sonst wohl nie kennen gelernt hätten.

Die Vernetzung von Klinik- und Pfarrseelsorge erscheint wichtig. Es gibt vieles, was ein Pfarrer des Ortes niemals leisten könnte, z.B. Kontakte zum Pflegepersonal, deren Unterweisung in christlich-ethischen Prinzipien, Kontakte zu den Ärzten usw. Umgekehrt ist es gut, wenn die Seelsorge vor Ort mit einbezogen wird. Man muss sich auch die Größenordnungen vor Augen halten. Ich vermute, dass es in Prien mehr als 100 Ärzte gibt; im gesamten Gesundheitswesen sind gewiss an die 1000 Personen tätig. Sie alle machen eine gute Arbeit. Drei, vier, oder fünf Seelsorger können dagegen natürlich nicht viel Einfluss nehmen. Seelsorge muss auch seine Grenzen erkennen!

Zu dreien meiner Pfarrgemeinden gehörten jeweils Kindergärten: in Garching, in St. Ludwig in München und in Prien. In den insgesamt sieben Einrichtungen erlebte ich eine lustige, frohe Kinderschar. Sie schaffen ein ideales Verbindungsglied zu vielen Familien, bereiten aber auch viel Mühe. Die jährlichen Sommerfeste waren jedesmal ein Höhepunkt im Leben der Pfarrgemeinde. Es ist ein großer Wert, wenn den Kindern von Klein an ein Gespür für das Religiöse vermittelt wird; wenn sie erleben dürfen, dass Kirche Geborgenheit schenkt, und dass es gut ist, dort etwas Heimatliches zu suchen und zu finden. Ich habe viele engagierte Eltern erlebt, denen ich nur Anerkennung zollen kann. Ich habe auch viele engagierte Erzieherinnen kennenlernen dürfen und möchte deren Arbeit loben. Im Allgemeinen war es immer gelungen, ausreichend tüchtiges, zuverlässiges Personal für die Kindertagesstätten zu finden. Mühsamer waren die rechtlichen Fragen, die Vorgaben von staatlicher oder städtischer Seite und vor allem die Rechnungslegung am Ende eines Kindergartenjahres. Ich will auf alle diese Dinge hier nicht näher eingehen, sondern es bei der Feststellung belassen: Es hat immer alles einen guten Verlauf genommen. Es gab keine Unglücksfälle, keine großen Zwistigkeiten. Auch das Finanzielle konnte immer zufriedenstellend geregelt werden. Danken möchte ich auch für die Unterstützung durch die Stabsstellen im Erzb. Ordinariat.

Was vermag eine Pfarrgemeinde? Da gilt es zu unterscheiden zwischen dem alltäglichen Geschehen und den großen Feiern oder Veranstaltungen. Wie unterschiedlich die Organisation einer großer Veranstaltung verlaufen kann, möchte ich am Beispiel der Fronleichnamsprozession in zwei meiner früheren Gemeinden erläutern. In meiner ersten Pfarrei Maria Ramersdorf war die Gestaltung des Fronleichnamsfestes nahezu am „Einschlafen". In der Stadt München galt die Regel, dass alle Katholiken nach Möglichkeit an der großen Stadtprozession am Feiertag teilnehmen sollten. Meine Gemeinde lag rund 5 km vom Stadtzentrum entfernt. Es waren dennoch nur wenige, die dieser Einladung folgten. Am Sonntag danach war den einzelnen Pfarrgemeinden freigestellt, eine eigene Prozession abzuhalten. Nachteilig hatte sich zudem ausgewirkt, als in Bayern rund zehn Jahre zuvor, die Pfingstferien auf zwei Wochen ausgedehnt wurden. Viele aus der Großstadt nutzen die damit gewonnene freie Zeit zur Erholung und waren über die Fronleichnamstage auf Urlaub und gar nicht in ihren Wohnungen.

Wie gesagt, in den ersten Jahren gelang es nur unter sehr mäßiger Beteiligung einen Gottesdienst in einer nahegelegenen Parkanlage mit einer kleinen Prozession durchzuführen. Mit einfachsten Mitteln hatten ein paar treue Helfer Podium, Altar, Monstranz und alles für die Eucharistiefeier Erforderliche in den Park geschleppt. Eine Lautsprecheranlage gab es nicht. Begeisterung oder gar Festfreude war nicht zu entdecken. Das gemeinsame Singen klang kläglich. Einige Leute klagten am Ende, weil ihre Schuhe im Gras nass geworden waren. Den wenigen Aktiven war klar: So konnte es nicht weitergehen.

Eine maßgebliche Hilfe fand sich, als wir einen Bauingenieur einer Münchner Firma kennenlernten, der sich bereit erklärte, mit einem kleinen Firmentransporter die nötigen Materialien vor Ort zu bringen. Wir besorgten uns einen tragbaren Lautsprecher, der immerhin half, dass die Worte der Lesung, des Evangeliums und der Predigt trotz vereinzelten Verkehrslärms noch gut zu vernehmen waren. Auch während der Prozession konnte auf diese Weise das gemeinsame Beten und Singen von einem Lektor angeführt werden. Auf diese Weise wagten wir sogar, unseren Prozessionsweg etwas zu erweitern und an einer zweiten Stelle einen kleinen Segensaltar zu errichten. Wir alle waren am Ende der Überzeugung, jetzt die richtige Form für eine würdige Gestaltung dieses Festtages gefunden zu haben.

Ganz anders war der Verlauf des Fronleichnamsfestes in meiner letzten Gemeinde in Prien. Ich konnte nur staunen, wie hervorragend alles durchorganisiert war. Um 6.00 Uhr früh traf sich eine Gruppe von fünf maßgeblichen Personen. Sie entschieden über die Durchführung oder Absage. Darauf wurde die ganze Bevölkerung durch einen Salutschuss in Kenntnis gesetzt. Ich kann sagen, es waren bestimmt an die dreihundert, wenn nicht sogar mehr Personen, die von da an alles für den Festgottesdienst und die Prozession Erforderliche herbeibrachten: Die Altäre wurden aufgestellt und geschmückt, die Fahnen und Heiligenfiguren bereitgestellt, Chor und Blaskapelle starteten ihre letzten Proben. Entlang des Prozessionswegs waren viele Hausfassaden geschmückt, Liedblätter wurden bereitgehalten, an allen Altären war eine funktionstüchtige Lautsprechanlage installiert. Vertreter der örtlichen Feuerwehr sicherten die Wegstrecke, für Gebrechliche standen Rot-Kreuz-Helfer bereit. Ohne Zögern waren viele einflussreiche Vereine zugegen und begleiteten den Prozessionszug. Es war jedesmal ein großes, schönes Fest des Glaubens.

Der Vergleich dieser beiden kirchlichen Feiern in Prien und in Ramersdorf macht die Bedeutung der Tradition deutlich. Eine Tradition weiterführen, bedeutet nicht, einfach alles zu wiederholen, was schon in den vergangenen Jahren gemacht wurde. Es gilt zu erkennen, was das Bisherige getragen hat und diese Motivation hinüber zu führen in die neue Zeit. Man bedenke, wie segensreich es für die Durchführung einer so großen Aktion ist, wenn alle Beteiligten sich bereit erklären, die Aufgabe auch im neuen Jahr wieder zu übernehmen, oder – wenn dies z.B. aus gesundheitlichen Gründen nicht möglich ist – selbst um eine Vertretung bemüht zu sein. Ich betone, die Aktiven tun dies nicht nur, weil es so üblich ist. Nein, sie unterstreichen damit ihren Glauben. Es ist Ausdruck ihrer Überzeugung. Dabei darf man die vergleichsweise „bescheidene" Feier in einer großstädtischen Gemeinde wie in Ramersdorf nicht klein reden. Auch diese Form hat seine Berechtigung und seine Bedeutung. Doch die Pracht einer großen Prozession wie z.B. in Prien lässt in außerordentlicher Weise das Bekenntnis unseres Glaubens aufstrahlen. Niemand wird bezweifeln: Auch die moderne Zeit braucht und wartet auf solche Zeichen des Glaubens.

Und wie sieht der Alltag eines Pfarrers aus? Ins Pfarrbüro kommen im Allgemeinen viele Besucher. Die einen übernehmen Botendienste, andere berichten von Krankheits- oder Unglücksfällen, wieder andere geben Messintentionen an, andere holen Sammellisten für die Caritas oder Pfarrbriefe zum Austragen. Alle diese Besucher landen meist bei der Pfarrsekretärin. Die Sekretärinnen freuen sich über die persönlichen Kontakte. Sie hören gerne den Leute zu, wenn ihnen Neuigkeiten berichtet werden. Der Pfarrer selbst erfährt davon nur in Ausnahmefällen. Doch ein gewisser Kreis sucht immer wieder mal den Kontakt zum Pfarrer, indem er besondere Fragen stellt oder meint, etwas Wichtiges berichten zu müssen. Manche versuchen schon bald in die Privaträume des Pfarrers hinein zu schnuppern. Ich kann nur sagen: Jeder Seelsorger ist gut beraten, wenn er eine gesunde Distanz wahrt. Jeder ist damit geplagt und muss sich Aufdringlichkeiten wehren!

Unter den Besuchern ist schließlich eine Gruppe zu erwähnen, die allen Seelsorgern viel Zeit „rauben": Es sind die Bittsteller mit den unterschiedlichsten Anliegen. Eine Reihe von derartigen „Problempersonen" hat es gerade auf junge Geistliche abgesehen. Sie vermuten – oft gar nicht zu unrecht – dass diese aufgeschlossener sind für Menschen in Not. Dabei legen sie einen erstaunlichen Erfindungsgeist an den Tag im Erzählen von Geschichten und Märchen. Gerade in den Großstädten ziehen sie durch die Stadtviertel und klopfen in den Pfarrhäusern an. Je größer der Kirchturm, umso mehr kommen. Ich bezweifle, ob die kleinen Spenden, die sie dabei ergattern konnten, auch wirklich weitergeholfen haben. Meine Beurteilung nach Jahrzehnten in der Pfarrseelsorge: Je länger ein Seelsorger im Amt ist, umso abweisender wird er. Er kann die vielen erdichteten Geschichten einfach nicht mehr anhören, wenn plötzlich das Benzin ausgeht, wenn man zu einer Beerdigung nach Rumänien gerufen wird, wenn man eine Gebühr auf dem Amt oder bei der Post zahlen muss usw. usw. usw. Es ist zwar schön, wenn sich Menschen in ihrer Not an die Kirche erinnern. Zum Haare ausraufen ist es, wenn sie Lügen auftürmen und dabei vielleicht noch anfangen zu frömmeln. Wahr ist und bleibt: Mit kleinen Spenden kann man diesen Leuten nicht helfen. Auch kleine Essenspakete erfüllen ihren Dienst nicht. Und für eine größere Unterstützung fehlt das Geld in den Kassen der Pfarreien.

Es gibt aber Not anderer Art und sie wird auch oft im Pfarrhaus vorgebracht. Ich denke da an eine Familie, bei der plötzlich die Waschmaschine ausfiel, an die alte Frau, die eine Nachzahlung zur Heizung nicht mehr leisten kann, an einen Arbeitslosen, der dringend Geld braucht für eine Reparatur. Es ist wichtig, wenn die wirklich Bedürftigen eines Ortes im Pfarrhaus bekannt sind. Hier zeigt sich, dass gute, solide Sozialarbeit Fachkenntnis braucht. Eine enge Zusammenarbeit mit der Caritas und mit den örtlichen Sozialämtern ist hilfreich, ja geradezu notwendig. Echte Hilfe kann nicht allein durch Geld erfolgen. Es braucht das aufrichtige Gespräch. Man muss auch die Gegebenheiten vor Ort in Augenschein nehmen. All dies kostet natürlich Zeit. Übrigens eine Pfarrsekretärin, ein Pfarrer oder auch ein Kaplan, ein Diakon, eine Gemeindereferentin oder ein Gemeindereferent können nur in Einzelfällen solchen Problemen nachgehen.

Sehr informativ und hilfreich war für mich der Kontakt zu Fachleuten der Obdachlosenhilfe und der Caritas. Alle in der Seelsorge Aktiven sollen unbedingt wissen, wie umfangreich die Arbeit dieser Einrichtungen ist, wie den Betroffenen dort entschieden, aber wirkungsvoll geholfen wird. Denn dahinter verbirgt sich meist eine tragische Lebensgeschichte. Die Erfahrung lehrt, dass die betreffende Klientel erst in tiefe Not geraten muss, bis der Entschluss reift, das bisherige verkorkste Leben aufzugeben und einen Neuanfang zu wagen, der natürlich hart ist, vor allem am Anfang viel abverlangt, jedoch der einzige Weg ist, um aus dem Elend herauszukommen. Man kann von daher nur applaudieren, wenn die Gemeinschaft der Jesuiten von St. Michael in München eines Tages die Abgabe von Kleinspenden – ich meine, es waren damals sogar jeweils 5.- DM – komplett einstellten und das Geld stattdessen für die Obdachlosenhilfe spendeten.

In meiner Zeit als Pfarrer habe ich vielfach erfahren, wie wichtig es ist, in der Nähe ein Zentrum oder eine Beratungsstelle der Caritas vorzufinden. Die Zusammenarbeit war in vieler Weise fruchtbar. Ich habe die dortigen Mitarbeiterinnen und Mitarbeiter stets als aufgeschlossen, dynamisch und kooperativ erfahren. Der Einfluss der Caritas auf die soziale Arbeit in den Dörfern und Städten ist enorm. Gleich ob es um die Behindertenarbeit, die Arbeitslosenhilfe, die Hilfen im Haushalt, die ambulante Krankenpflege, die Mädchensozialarbeit oder vieles andere geht: die Caritas ist ein sehr vielseitiger Sozialverband, der einen ganz entscheidenden Beitrag unserer pastoralen Arbeit ausmacht und zu leisten vermag.

Der Arbeitsablauf im Pfarrbüro mag sehr verschieden vonstatten gehen. Eine neu angestellte Sekretärin braucht am Anfang viel Information und Zeit, um sich zu orientieren. Sie muss die Gepflogenheiten der Seelsorge Schritt für Schritt kennenlernen. Die Einführungskurse, die das Ordinariat angeboten hat, waren sehr hilfreich. Sehr unterschiedlich ist auch die Arbeitsweise eines Pfarrers. Mancher arbeitet nur handschriftlich, vereinzelt agieren noch Geistliche mit Stenogramm. Tatsache ist: Es ist ziemlich mühsam, einen Brief zunächst zu diktieren, egal ob aufs Tonband, ins Stenogramm oder direkt in die Schreibmaschine bzw. in den Computer. Jedes Telefonat, jeder ankommende Besucher stört den Diktierenden und den Schreiber. Bei mir war es anders. Ich war im Umgang mit der Schreibmaschine sehr versiert und habe somit fast alle meine Briefe und Ausfertigungen selbst zu Papier gebracht. Letztlich spart diese Methode viel Zeit, da jeweils nur einer mit der Abfassung eines Briefes befasst ist. Man muss jedoch darauf achten, die Mitarbeiter jeweils zu informieren, damit bei überraschenden Rückfragen alle im Büro wissen, worum es geht. Anfangs arbeiteten wir alle mit Schreibmaschine. Wenn der Tippfehler zu viele wurden, dann musste halt neu angefangen werden. Später – so etwa ab dem Jahr 1993 – stand dann ein Computer für das Pfarrbüro bereit, was eine große Erleichterung brachte.

Einen großen und wichtigen Bereich innerhalb der pfarrlichen Korrespondenz bildet der Post- und Briefverkehr mit dem Ordinariat, der während meiner Jahre als verantwortlicher Pfarrer deutlich zugenommen hat. Es kann jeder nachverfolgen, wie die Anweisungen und Bestimmungen im Amtsblatt immer umfangreicher wurden. Spätestens seit dem Jahr 2000 sind Kassenführung und Buchhaltung der Kirchenstiftungen „gläsern" – oftmals auch mit gutem Grund. Doch kein Zweifel: Die Eigenverantwortung einer Kirchenstiftung ist eingeschränkt. Die Möglichkeit, in Eigeninitiative Unternehmungen zu starten, die auch Geld erfordern, ist denkbar gering oder zumindest sehr schwierig.

Wie schon gesagt, in den allermeisten Fällen klappte die Zusammenarbeit, vor allem dort wo es Routineanfragen waren: So etwa in Mietangelegenheiten, in Abrechnungsfragen, in Eheangelegenheiten. Schwierig waren Bau- oder Grundstücksangelegenheiten oder auch Anfragen betreffend des Personals. Es kostet natürlich Nerven, wenn wegen einer Sache dreimal nachgefragt werden muss.

Es erscheint auch sinnvoll, einmal zu reflektieren, wie einschneidend der technische Fortschritt die Arbeit im Pfarrbüro verändert hat. Als ich Weihnachten 1983 meinen Dienst als Pfarrer startete, gab es im Haus nur Telefon und zwei mechanische Schreibmaschinen. Zum Glück besaß ich selbst eine eigene elektrische Schreibmaschine. Wir hatten freilich keinen Fotokopierer. Durchschlagpapier war die wichtigste Form Fürbitten oder einfache Anweisungen in mehrern Exemplaren weiterzugeben. Die wöchentlichen Gottesdienstordnungen wurden auf Wachsmatrizen getippt und dann mit einer einfachen Schwarz-Weiß-Druckermaschine vervielfältigt. Wer nicht aufpasste, hatte schnell den Tisch mit Druckerfarbe verkleckert. Und wenn man Pech hatte, dann musste die ganze Prozedur wiederholt werden. Mit Zeichnungen oder gar mit Bildern bzw. Fotos zu operieren war um diese Zeit noch undenkbar.

Ein deutlicher Fortschritt wurde erreicht, als die Fotokopiermaschinen wesentlich günstiger wurden und deren Scan-Technik deutlich an Qualität gewann. Nun machte es Sinn, die Gottesdienstordnungen in Reinschrift zu fertigen und danach – wenn nötig auch in einer Auflage von 500 oder gar 1000 Stück – im Kopierer zu vervielfältigen. Die Arbeit verlief wesentlich sauberer und sicherer. Ich bauche nicht im Detail auszuführen, welchen Erleichterung schließlich die Personalcomputer mit sich brachten. Der Vorteil, jewails noch Änderungen oder Ergänzungen vornehmen zu können, war ein großer Gewinn. Bald konnte man auch Bilder, Zeichnungen, ja sogar Fotos mit verarbeiten.

Ein großes Problem in den Anfängen meiner Zeit stellte auch das Adressieren von Briefen dar. Anfangs wurden die meisten Briefumschläge mit der Hand oder eben an der Schreibmaschine erstellt, wobei strittig blieb, welche dieser Methoden am geschicktesten war. Oder wer kann sich noch an die mit Disketten und Tintenroller gefertigen Kuverts erinnern? Der Umgang mit Serienbriefdateien war auf diesem Gebiet ein gewaltiger Fortschritt. Wer es beherrschte konnte in kürzester Zeit persönliche Einladungen oder Briefe an eine bestimmte Adressengruppe abfassen. Man konnte jederzeit Änderungen vornehmen. Ich kann abschließend nur sagen: Toll, wenn eine Pfarrsekretärin oder ein Mitarbeiter im Büro diese Technik beherrschte! Toll, wenn ein Pfarrer selbst mit derartigen PC-Kniffen vertraut war!

Und wie stand es mit der Kommunikation und ihrer Technik? Nun, bei meinem Start als Kaplan war es in allen Pfarrämtern schon üblich, dass der Pfarrer, dass jedes Büro, jeder Kaplan oder pastorale Mitarbeiter einen Telefonanschluss besaß. Man konnte miteinander verbinden und im Falle des Falles auch einmal Rücksprache nehmen. Hilfreich war auch die Einführung des Tastentelefons und der Vorprogrammierung von wichtigen Telefonnummern. In einer großen Pfarrgemeinde oder Pfarreiengemeinschaft war im allgemeinen das Telefon an allen Werktagen besetzt, so dass – ausgenommen die Ferien – immer jemand im Pfarrhaus erreichbar war. Sehr vorteilhaft war, wenn eine Pfarrhaushälterin am Wochenende manchen Telefondienst übernehmen konnte. Ein strittiges Problem bis in die gegenwärtige Zeit ist der Einsatz eines Anrufbeantworters. Ich gebe zu, in vielen Fällen mögen Sie hilfreich sein. Sie müssen jedoch sorgfältig und in regelmäßigen Abständen abgehört werden. Sonst verfehlen sie ihr Ziel. Man darf auch den Aufwand nicht geringschätzen, wenn man den verschiedenen Anrufen hinterher telefonieren muss. Bei allem Für und Wider: Ich selbst mochte die Anrufbeantworter nie. Dank der Unterstützung durch meine Haushälterin war das Pfarrhaus auch meist zu erreichen.

Selbstredend bringen Computer, Laptop, Handy, Smartphone etc. viele neue Möglichkeiten: Chancen und Schwierigkeiten. Die Chance überall – auch unterwegs – erreichbar zu sein, hat etwas Verlockendes. Das Problem: Man kann kaum mehr ungestört ein Gespräch führen oder seiner Arbeit nachgehen. Ein Riesengewinn in meinen Augen war es, wenn schon während einer Besprechung oder einer Zusammenkunft ein Protokoll am Laptop gefertigt evtl. sogar schon zur Kontrolle kurz vorgelesen werden konnte. Über e-mail war es dann ein Leichtes, schon am selben Abend oder gleich am nächsten Morgen allen Teilnehmern das Protokoll zuzuleiten. Es zeigte sich, dass Arbeitsaufträge und Vereinbarungen auf diesem Weg viel sorgfältiger beachtet werden. Bekanntlich nützen Protokolle, die erst 3–4 Wochen später verschickt werden, wenig, weil die Beteiligten vieles vergessen haben und von ganz neuen Aufgaben in Beschlag genommen sind, so dass die „alten" Probleme schnell beiseite geschoben werden und die Lust, sich noch einmal damit zu befassen, nach dieser Zeit schwindet.

Mehr als einem neuen Pfarrer lieb ist, bedrängt oder belastet die Sorge um die Finanzen der Pfarrei oder Pfarreiengemeinschaft. Es stimmt zwar, dass in keiner unserer Pfarreien finanzielle Not herrschte. Doch die Verhältnisse waren sehr unterschiedlich. Wie ich eingangs schon erwähnte, war an meiner ersten Pfarrstelle praktisch kein Finanzpolster vorhanden. Dabei gilt festzuhalten: Kaum eine Pfarrkirchenstiftung war und ist bis heute in der Lage, eigenständig den Finanzbedarf zu decken. Alle sind großen Teils auf die Zuschüsse aus den Diözesen, sprich aus den Kirchensteuermitteln angewiesen. Damals – bis weit in die 80-iger Jahre hinein – galt zumindest in der Münchner Erzdiözese die Regel, Überschüsse am Ende eines Jahres müssen an die Finanzkammer zurückerstattet werden, was eine wenig sinnvolle Regelung war. Wenn ich nun auf die Finanzsituation der vier Kirchenstiftungen zurückblicke, denen ich vorstand, so war oft ausschlaggebend, wie maßvoll und klug der Personalstand aufgestellt war. Normalerweise gab die Finanzverwaltung der Diözese eine Art von Personalschlüssel vor. Wenn man diesen einhalten konnte, so blieb im allgemeinen noch etwas finanzielle „Manövriermasse" für die übrigen Anschaffungen. War jedoch der Personalstand hoch, so mussten andere zusätzliche materielle Wünsche eher zurückstehen. Man muss den Mitarbeitern in der Diözesanen Finanzkammer jedoch zugute halten, dass sie in Notlagen oft hilfreich waren.

Pfarreien haben im Allgemeinen noch einen sehr hohen Durchlauf an Bargeld. Fast alle Kollekten werden bar eingesammelt, die Messintentionen werden bar bezahlt. Die exakte und verlässliche Handhabung mit den vielen Münzen und Scheinen ist immer eine schwierige Angelegenheit. In vielen Pfarreien gibt es Ehrenamtliche, die Stunden und Stunden für das Münzzählen einbringen. Hilfreich sind Zählmaschinen, die freilich auch störanfällig sind. Mit der Einführung der Europäischen Einheitswährung ergab sich eine Erleichterung. Fremdmünzen wurden deutlich weniger. Diese mussten weitgehend per Hand aussortiert werden. Im Verlauf der Jahre hat sich auch der Geldverkehr mit den Bankhäusern verändert. Manche verlangten Rollgeld, andere nahmen überhaupt kein Münzgeld, wieder andere bieten ihre eigenen Zählapparate an, wieder andere Banken verlangten Gebühren oder Anteile vom Einzahlungsbetrag. Mühsam ist es auch, die verschiedenen Gebührenanteile richtig und getrennt voneinander abzurechnen. Kurz und gut. In jeder Pfarrei kostete es Zeit und Mühe, die Geldgeschäfte im Kleinen wie im Großen sorgfältig zu verwalten. Doch es geht halt nicht ohne Geld. Zum Glück war mir nie ein Einbruch im Pfarrhaus widerfahren. Ich habe gelesen, solch schockierenden Erlebnisse bringen selbst „robuste" Seelen lange Zeit aus dem Gleichgewicht.

Wenn ich hier einen allgemeinen ersten Rundblick aus dem Leben im Pfarrbüro vornehme, so darf ein Punkt nicht fehlen, der im Lauf der Jahre immer wichtiger wurde: die Öffentlichkeitsarbeit einer Pfarrei. Vor 50 Jahren mochte es noch genügen, einmal im Monat einen „Gottesdienstzettel" herauszubringen. Schon bald zeigte sich: Viele

Pfarrangehörige gehören zwar der katholischen Kirche an und zahlen auch ihre Kirchensteuer. Doch das pfarrliche Geschehen bekommen sie überhaupt nicht mit. Sie besuchen „ihre" Kirche nur bei Gottesdiensten, die sie selbst oder ihre Angehörigen betreffen. Wer spricht sie an? Wer gibt ihnen Informationen über die vielfältigen Dinge, die in der Pfarrei geschehen? Und so entstanden ab Ende der 60-iger Jahre mehr und mehr „Pfarrbriefe", die direkt zu den Haushalten getragen wurden. Viele Pfarrer, die engagiert diese neue Praxis aufgegriffen hatten, erhielten durch die Finanzverwaltungen der Diözesen Mahnungen zu sparsamem Umgang. Man kritisierte nicht allein den Kostenaufwand. Man sah darin – und das nicht ganz zu Unrecht – eine Konkurrenz zur Bistumszeitung usw. Doch der Bedarf war da! Die Zusammenstellung war mühsam. Wenn in den verschiedenen Offset-Druckereien erst noch der Drucksatz erfolgte, danach die Korrektur, dauerte es vier Wochen und mehr vom Redaktionsschluss bis zur Auslieferung. Wenn man die Original-Vorlage in Reinschrift selbst an der Schreibmaschine fertigte, war dies eine mühevolle Kleinarbeit, die Stunden in Anspruch nahm. Ich persönlich könnte unendlich davon erzählen.

Die Einführung der Personalcomputer und der Einsatz leistungsfähiger Kopiergeräte hat diese Arbeit immens erleichtert. Wenn man in der Pfarrei einen geschickten „PC-Grafiker" zur Hand hatte, konnte man sich glücklich preisen. Ab dem 21. Jahrhundert war es soweit üblich, dass in jeder größeren Pfarrei sowohl eine regelmäßige „Gottesdienst-Ordnung" erschien – natürlich ergänzt durch wichtige Pfarrinformationen – als auch ein zusätzlicher Pfarrbrief, der alle 3–4 Monate veröffentlicht wurde.

Ich muss zugeben, ein bisschen stolz war ich auch, als unser Pfarrverband ab dem Jahr 2010 mit einer eigenen Homepage im Internet präsent war. Dort waren alle „Grunddaten" zu unserer Pfarrei und ihren Kirchen angegeben. Auch alle verantwortlichen Personen waren genannt. Die jeweils aktuellen Kirchenanzeiger und Pfarrbriefe waren ebenfalls auf der Homepage einzusehen. Auf meine Bitten hin wurden zusätzlich auf den Internetseiten der betreffenden beiden politischen Gemeinden Links zu unserer Homepage gesetzt. Ich kann nur hoffen, dass viele darauf gestoßen sind. Mir ist leider unbekannt, wie viele nun tatsächlich unsere Internetseiten aufgerufen haben.

Fachleute der modernen Kommunikation lächeln vermutlich über all diese Bemühungen und werden sagen, das sei alles ein „alter Hut". Ich muss zugeben, ich bin bis heute auf diese neuen Formen von Smartphones mit Facebook, Twitter, Instagram, Whatsapp usw. nicht aufgesprungen. So ergeht es auch den meisten Senioren, die unsere Gottesdienste besuchen. Dennoch kann man natürlich nur staunen, wenn junge Leute etwa zur Feier ihres Geburtstags binnen kürzester Zeit bis zu tausend Besucher „anlocken" können. Das kann manchmal nützlich sein. Anlässlich der Hochwasserkatastrophe im Raum Rosenheim von 2013 – so wurde mir berichtet – war es innerhalb einer Stunde möglich, mehrere hundert junge Leute zusammenzutrommeln, um Sandsäcke zu füllen und an gefährdeten Hängen abzulagern. Davon können Pfarreien nur träumen. Was wäre das, wenn zu einer Wallfahrt, zu einem Kreuzweg, zu einem religiösen Vortrag oder vielleicht nur zu einer Anbetungsstunde mit einem Schlag hunderte von Besuchern angepeilt und motiviert werden könnten. Sind das nur Träume? Die meisten Pfarrer werden skeptisch den Kopf schütteln. Wahr ist, die Welt der Kommunikation wird sich noch gewaltig verändern.

Nicht vergessen werden darf in diesem Zusammenhang die Frage der Reinigung der Pfarrräume. Diese Arbeit ist weitaus mühevoller und anstrengender als vermutet, auch zeitaufwändiger als in den Stellenplänen berücksichtigt. Nach 30 Jahren als verantwortlicher Seelsorgsstellenleiter kann ich den verschiedenen Damen, die diesen Dienst ausgeführt haben, nur von Herzen Vergelt's Gott sagen wohl wissend, dass ihre Arbeit nur in bescheidenem Maß vergütet werden konnte.

Zusammenfassend möchte ich – auch wenn ich mich wiederhole – einmal aufzählen, was mich im Lauf meiner 30 Jahre als Pfarrer so richtig in „Stresslage" brachte.

- vor allem die großen Feiertage: Weihnachtszeit, Karwoche, Fronleichnam,
- die Sakramentenvorbereitung: Erstkommunion und Firmung, vor allem wenn ich allein dafür die Verantwortung trug,
- die Vorbereitung der Wahlen zum Pfarrgemeinderat und zur Kirchenverwaltung, im Pfarrverband zum Teil 4-fach,
- die Erweiterung des Priener Pfarrverbands mit der Pfarrei St. Nikolaus in Rimsting,
- die Zusammenstellung der Pfarrbriefe, besonders in den ersten 2 Pfarreien,
- die Andachten zum Monat Mai und zum Frauendreißiger in der Pfarrei Maria Ramersdorf,
- Hausmeisterarbeiten in Maria Ramersdorf, vor allem wenn im Herbst Unmengen an Laub auf den Dächern und im Garten lagen,
- die Vorbereitung von Pfarrfesten – vor allem in Maria Ramersdorf,
- eine ganze Menge an Baustellen mit z.T. sehr unterschiedlichen Belastungen,
- wenn ein Mitarbeiter über längere Zeit krank war,
- die Vorbereitung von großen Bittgängen,
- die Vorbereitung von mehrtägigen Exerzitien, als ich zusätzlich noch Diözesanpräses für den Kath. Frauenbund war,
- Gottesdienste im Freien zu den verschiedensten Anlässen, meist in ökumenischer Form in Prien,
- die Durchführung des „Ökumenischen Kirchentags auf der Fraueninsel 2012" – so gelungen dieses Ereignis auch abgelaufen war,
- wenn es mal mit den Todesfällen ganz dick kam – ich hatte an manchen Jahren über 100 Beerdigungen zu halten.

Ich erinnere mich an einen Samstag: Ich hatte vormittags ein Requiem mit Beerdigung zu halten. Nachmittags um 14.00 Uhr stand eine Trauung mit Messfeier an, danach eine Taufe. In der Zwischenzeit ging eine dringende Bitte um Krankensalbung und Krankenkommunion ein. Und schließlich hatte ich auch noch eine Vorabendmesse mit Predigt und vorheriger Beichtgelegenheit zu halten, die auch von zwei Gläubigen wahrgenommen wurde. Es wurde ein Tag, an dem ich alle meine sakramentalen Vollmachten einsetzen durfte – musste.

Arbeit schändet nicht! An diesen Spruch musste ich öfters denken. Und es trifft auch zu: Wer Priester werden will, muss bereit sein, sich ganz für seine Aufgabe einzusetzen. Insofern reut es mich nicht, des Öfteren richtig gefordert worden zu sein. Ja im Gegenteil: Rückblickend bin ich geradezu ein wenig stolz, was ich alles vollbringen durfte. Dennoch: alles war ..... Stückwerk!

3. Die Zusammenarbeit der verschiedenen pastoralen Berufe

Ein großes Vorbild für alle Seelsorger ist Jean Marie Vianney, der heilige Pfarrer von Ars. Bei ihm finden wir etwas, was heute kaum mehr vorkommt. Er war der einzige Seelsorger vor Ort. Lange Zeit fand sich so etwas noch auf kleinen Landpfarreien. Der Pfarrer konnte schalten und walten, wie er wollte. Er kannte meist alle seine „Schäfchen" beim Namen, die er von der Wiege bis zum Grab begleitete. Doch diese Zeiten sind vorbei. Es mag heute und künftig Pfarreiengemeinschaften mit nur einem Priester geben. Doch sicher sind ihm Mitarbeiter und Mitarbeiterinnen mit pastoraler Ausbildung zur Seite gestellt. Ganz grundsätzlich muss man betonen: Ein Einzelner, gleich ob Pfarrer, Diakon, Referent oder Missionar, kann nur wenig ausrichten. Schon Jesus schickte seine Jünger immer zu zweit aus.

Ich selbst habe als Kaplan dreimal sehr sympathische Hausgemeinschaften erlebt. In meinen Augen war es ein Geschenk, wenn zwei oder mehr Priester sich beim Essen trafen, sich gegenseitig austauschten oder sich gegenseitig aufmunterten, mitunter auch gemeinsam das Brevier beteten. Die Weitergabe von Informationen klappte bei diesen Gelegenheiten kurz und bündig. Niemand sah ein Problem darin, am Ende des Mahlzeiten ein paar anstehende Aufgaben zu verteilen. In größeren Pfarreien gab es im Allgemeinen Pfarrschwestern oder Seelsorgshelferinnen, die vor allem beim Hausapostolat, bei Botendiensten, bei den Caritassammlungen und in caritativen Notfällen wertvolle Dienste leisteten.

Doch diese Zeiten sind vorbei; zumindest ist ihre Wiederkehr nicht absehbar. Mit dem Ende der 60er-Jahre änderte sich auch die Struktur der pastoralen Dienste. Gemäß den Beschlüssen des 2. Vatikanischen Konzils wurde das Amt des Ständigen Diakons wieder ins Leben gerufen, das auch verheirateten Männern ab dem 35. Lebensjahr offenstand. Diese Männer leisten seit fünfzig Jahren in vielen Pfarrgemeinden wertvolle Dienste. Sie fanden im Allgemeinen auch schnell ihren Platz innerhalb der Gemeinde. Sie waren eingebunden in die Liturgie, durften kraft ihres Weiheamtes Predigten übernehmen, Taufen und Eheschließungen feiern. Viele unter ihnen zeigten großes Geschick, um gerade auch Familien in das pfarrliche Geschehen besser einzubinden oder einzelne Berufsgruppen treffend anzusprechen.

Ab Ende der 60er-Jahre wurde schließlich die Berufsgruppe der Pastoralreferenten/-innen bzw. Gemeindereferenten/-innen ins Leben gerufen. Viele von ihnen kamen aus der Pfarrjugend, waren aktiv bei kirchlichen Verbänden, in Chor- oder Musikgruppen und wollten ihr Engagement nun beruflich in der Kirche weiterführen. Sie hatten ein volles Theologiestudium durchlaufen, nicht wenige von ihnen sogar eine Zusatzausbildung erworben. Frauen unter ihnen war der Zugang zum Weiheamt kraft des kanonischen Rechts verwehrt. Die jungen Männer und Frauen strebten meist die Gründung von Ehe und Familie an. Der Weg zum Priestertum war ihnen daher versperrt. Den Weg zum Ständigen Diakon wagte freilich kaum einer – aus unterschiedlichen Gründen. Wer unter ihnen klug war, fand schnell ein großes Einsatzfeld innerhalb einer Pfarrei: in der Jugendarbeit, in der Erwachsenenbildung, bei der Sakramentenvorbereitung, bei der Schulung von Helfern oder auch in der religiösen Weiterbildung von Pflege- und Sozialdiensten. Für sie war auch der Dienst im Religionsunterricht vorgesehen.

Doch schnell tauchte ein Problem auf: Im Rahmen des Gottesdienstes, speziell der sonntäglichen Eucharistiefeier wünschten sie auch ihren „Platz", nicht nur als Lektor/-in oder Kommunionhelfer/-in, sondern vor allem als Prediger. Sie waren theologisch geschult und viele von ihnen zeigten rednerische Begabung. Nicht wenige Priester waren dankbar, wenn sie – etwa als Einzelpriester in einer Pfarreiengemeinschaft – im Predigtdienst eine Entlastung erfuhren und nicht an allen Sonn- und Feiertagen jeweils zwei-, drei- oder gar viermal selbst die Predigt halten mussten. Nicht in allen, jedoch in mehreren Diözesen Deutschlands war dies zur Regel geworden, obwohl die Römische Kurie von Anfang an Bedenken äußerte. Das neue Kanonische Recht von 1983 hatte jedoch die Bestimmungen auf diesem Gebiet weiter fixiert und 1997 schließlich eine Instruktion der Kleruskongregation die Predigt von Laien innerhalb der Eucharistiefeier untersagt.

Diese Bestimmung entzog den betreffenden Berufsgruppen – Pastoral- und Gemeindereferenten – sozusagen ihr „liebstes Kind". Die Konfliktwellen schlugen hoch. Viele betroffene Pastoral- und Gemeindereferenten reagierten bitter enttäuscht, manche überlegten sogar, ihren Dienst niederzulegen. Auch die Gläubigen waren gespalten. Viele schätzten die oft sehr lebendig vorgetragenen Predigten der Laienmitarbeiter. Andere, mehr konservativ geprägte, verlangten nach Maßgabe der Römischen Anweisungen, dass diese Berufsgruppe von nun an keinen Predigtdienst mehr innerhalb der sonntäglichen Eucharistiefeier übernehmen dürfe.

Es wurde schließlich alles noch komplizierter. In der Münchner Erzdiözese wurde beschlossen, die Predigtausbildung der Gemeinde- und Pastoralreferenten/-innen weiterzuführen. Um dies zu gewährleisten, sollte diesen Kandidaten die Möglichkeit geboten werden, Probepredigten zu halten – und zwar auch innerhalb der Messfeier, was einen Widerspruch in sich darstellte. Ich war damals Pfarrer in Garching bei München. Ich hatte zur Unterstützung drei pastorale Mitarbeiter in unterschiedlichen Ausbildungsstufen. Wer noch in der Ausbildung stand, durfte probeweise in der Sonntagsmesse predigen, ebenso wer nach seiner Aussendung noch vor der 2. Dienstprüfung stand. War die Ausbildung jedoch abgeschlossen, war dies nicht mehr gestattet. Kein Wunder, dass diese Handhabung die betroffenen Mitarbeiter/-innen sehr erbitterte. Die Mehrzahl der Gläubigen quittierten diese Regelung mit Kopfschütteln. Ich als Pfarrer fühlte mich – ehrlich gesagt – an der Nase herumgeführt. Denn als ich den

Hirtenbrief mit den entsprechenden Bestimmungen verlesen hatte, stürmten sogleich ein paar Leute auf mich zu und fragten: Was heißt das jetzt für unsere Pfarrgemeinde? Und ich antwortete: Wenn der Bischof dies befiehlt, dann halten wir uns daran! Als dann einige Wochen später die „wirren Ergänzungen" durchsickerten – in eindeutiger Weise wurden sie uns Pfarrern niemals weitergegeben – da wusste ich wirklich nicht mehr, was nun gilt.

Dabei gäbe es eine Lösung, die allen Anforderungen entspricht und die vermutlich auch in Zukunft das Gemeindeleben bestimmen wird. Es werden vermehrt andere Gottesdienstformen als nur Eucharistiefeiern angeboten – auch am Sonntag; zum Beispiel Wort-Gottes-Feiern (mit oder ohne Kommunonausteilung), Stundengebet (Laudes oder Vesper) mit ausführlicher Lesung und Predigt, denkbar auch thematische Gottesdienste (etwa zu Adveniat, Misereor, Caritas, Mission, Schöpfung, Vollendung der Welt), die gleichfalls mit Bildern, Symbolen und weiteren Medien aufgewertet, gewiss auf großes Interesse stoßen würden. Doch das war zu jener Zeit noch zu weit voraus gedacht.

Nun muss ich zugeben, ich habe eine Reihe von Gemeinde- oder Pastoralreferenten – Männer wie Frauen – erlebt, die ihre Aufgabe gewissenhaft wahrgenommen haben. Ich denke heute noch gerne zurück an manchen Kinderbibeltag, an Kinder- oder Jugendgottesdienste, an Kinderfreizeiten, an Bildmeditationen, an Bußandachten oder ein Jugendfest. Richtig verstanden können diese pastoralen Dienste den Blick des Priesters weiten, der seine Aufgaben schwerpunktmäßig im Sakralen sieht. Doch es geht um Größeres, um den Menschen in seiner ganzen Sehnsucht nach dem Allesumgreifenden, dem Ewig-Bleibenden, dem Unendlich-Weiten. Auf vielfache Weise lässt sich das erschließen. Es braucht eben den richtigen Zugang zu den Herzen der Menschen.

4. Zurück zur alten Kirche?

Ich habe als Seelsorger beides erlebt: „fortschrittliche" Gemeinden, in denen das kirchliche Leben ganz an den Zielen des 2. Vatikanischen Konzils ausgerichtet war. Kennzeichnend war eine Vielfalt an Gottesdiensten: für Kinder, für Jugendliche, für Senioren usw. Es gab „flotte Jazzgottesdienste", aber auch besinnliche Hausmusik, Chormusik und kräftigen Gemeindegesang. Und vor allem erlebte man fortwährend verschiedene Dienste wie Lektoren, Kommunionhelfer, Kantoren, Buben wie Mädchen als Ministranten, Helfer, die eine Leinwand aufbauten oder eine Schautafel beibrachten. Liturgische Vielfalt war das Kennzeichen einer solchen Gemeinde.

Man findet vereinzelt aber auch Gemeinden, wo mehr am Traditionellen festgehalten wird. Der Altarraum ist durch eine Kommunionschranke abgegrenzt. Nur Mesner und Ministranten – nur Buben – haben hier Zutritt. Der Priester steht beim Hochgebet gegen Osten gewendet, aber mit dem Rücken zum Volk. Alle Texte werden von ihm allein vorgetragen, teils sogar in Latein.

Eifrige Vertreter dieser traditionellen Linie betonen gerne: Wir sind die „wahre" Kirche! Sie verfechten diese Überzeugung unbeirrt und fest entschlossen. Doch ich stelle bewusst die Gegenfrage: Wissen diese Leute, wie die „alte" Kirche wirklich war? Wenn man dabei allein das Liturgische der „alten" Kirche überdenkt, so kann ein Seelsorger in der heutigen Zeit dem ehemaligen Regelwerk und dem, was sich in der Folge eingebürgert hat, nur mit Kopfschütteln begegnen. Ich versuche einmal eine Reihe von früheren, d.h. im allgemeinen vor dem 2. Vaticanum geltenden bzw. geübten Regeln aufzulisten:

Das gilt zum einen schon mal für die strikte Verwendung des Latein mit der Konsequenz, dass die Mehrzahl der Teilnehmer das

Messgeschehen nicht wirklich mitverfolgen konnte. Am größten war der Widerspruch bei den Texten der Lesung und des Evangeliums, welche freilich schon vor dem Konzil – angeregt besonders durch die Liturgische Bewegung – meist durch ein Mitglied der Gemeinde in der Muttersprache verlesen wurden. Besonders kurios war dabei die Praxis beim levitierten Hochamt. Dort hatte zuerst der zelebrierende Priester das Evangelium still auf der linken Altarseite gelesen. Anschließend trug es der Diakon in feierlich gesungenem Latein laut vor. Und schließlich – in der erneuerten Form – wurde es noch auf Deutsch vorgetragen. Also insgesamt 3-mal!

Falls im Volk – parallel zur Feier am Altar – Messandachten gehalten wurden, waren diese oftmals ganz anders strukturiert; besonders wenn während der Messe Rosenkranz gebetet wurde oder man zur Beichte ging.

Auf die Zurufe des Priesters antwortete nicht die Gemeinde, sondern die Ministranten, manchmal der Chor, evtl. der Organist.

Ministranten mussten, meist ohne jegliche Lateinkenntnisse, eine Reihe von Gebetstexten auswendig lernen und bei der Messe aufsagen. Das Messbuch musste 2-mal durch Ministranten von der rechten zur linken Seite bzw. umgekehrt getragen werden. Wer erinnert sich nicht an so manchen Sturz eines noch unerfahrenen Ministranten. Das Messbuch samt Ständer war schwer. Kleinere Ministranten konnten beim Schleppen des Messbuchs samt Ständer die Altarstufen nicht erkennen. Das Sturzrisiko war groß.

Die „Abkoppelung" – wie ich es hier einmal nennen möchte – des liturgischen Geschehens am Altar vom mitanwesenden Volk, das nur aus der Entfernung am Gottesdienst teilnehmen konnte, hatte weitgehend dazu geführt, dass oft niemand aus dem Volk zum Tisch des Herrn ging oder bestensfalls nur wenige. Es galt als ideal und der Ehrfurcht entsprechend, wenn der Priester am Altar in seinen Gebeten nicht „gestört" wird. Gar nicht selten übernahm die Kommunionausteilung ein zusätzlicher Geistlicher, der eigens hinzutrat. Einer der

Ministranten musste erneut das Confiteor sprechen. Auch das „Ecce Agnus Dei" sowie das „Domine, non sum dignus..." wurde ein zweites Mal gesprochen. Kommunionausteilung für die Gemeinde war zu einem eigenen liturgischen Akt geworden.

Ganz bewusst öffnete das 2. Vatikanische Konzil dieses etwas einseitige Verständnis des liturgischen Geschehens und gab ihm einen umfassenderen „Rahmen". Bereits in der 1. Konstitution des Konzils mit Namen „Sacrosanctum concilium" macht die Versammlung der Bischöfe deutlich: „Die Mutter Kirche wünscht sehr, alle Gläubigen möchten zur vollen, bewussten und tätigen Teilnahme an den liturgischen Feiern geführt werden, wie sie das Wesen der Liturgie selbst verlangt und zu der das christliche Volk, das 'auserwählte Geschlecht, das königliche Priestertum, der heilige Stamm, das Eigentumsvolk' (1 Petr 2, 9) kraft der Taufe berechtigt und verpflichtet ist." (SC Nr. 14). Und im Dokument über die hl. Kirche „Lumen gentium" wird betont: „Der Amtspriester (im Lateinischen ist der Ausdruck treffender: sacerdos ministerialis) bildet kraft seiner heiligen Gewalt das priesterliche Volk heran und leitet es; er vollzieht in der Person Christi das eucharistische Opfer und bringt es im Namen des ganzen Volkes Gott dar. Die Gläubigen hingegen <u>wirken mit</u> (lateinisch: concurrunt) kraft ihres königlichen Priestertums an der eucharistischen Darbringung und üben ihr Priestertum aus im Empfang der Sakramente, im Gebet, in der Danksagung, im Zeugnis eines heiligen Lebens, durch Selbstverleugnung und tätige Liebe." (LG Nr. 10)

Von zentraler Bedeutung war von daher zu betonen, dass die Eucharistie das Opfer Christi für das ganze Volk Gottes ist. Gewiss kommt dem Priester die Vollmacht zu, das Opfer Christi darzubringen und die Worte Jesu bei der Wandlung im Hochgebet zu sprechen. Doch gemäß der Leitlinie des 2. Vatikanischen Konzils nimmt die ganze Versammlung der Getauften als das priesterliche Volk Gottes an der Feier aktiv teil. Daraus folgte bald – schneller als vielleicht viele Konzilsteilnehmer erwarteten – der nachdrückliche Wunsch, dass alle Teilnehmer dem Geschehen am Altar folgen können und somit die Muttersprache zur Liturgiesprache wurde. Dann ist es nicht nur wünschenswert, sondern geradezu wesentlich, dass alle Gläubigen den Rufen des Zelebranten antworten, dass alle sprechen „Und mit deinem Geist", „Ehre sei dir, o Herr", dass alle einstimmen in das dreimal Heilig und alle rufen „Deinen Tod, o Herr, verkünden wir".

Aus diesem Grund war es naheliegend, dass sich der Zelebrant dem Volk zuwendet. Für einen Mann der Praxis ist es jedenfalls wesentlich bedeutender, das Messopfer mit den Gläubigen zu feiern und dies durch die Zuwendung auch sichtbar zu machen, als etwa die Betonung, dass die Gemeinde Christi zum Gebet sich nach Osten wenden soll.

Am schönsten kommt die Einheit mit dem Volk zum Ausdruck, wenn alle Versammelten gemeinsam ein Lied singen, gemeinsam das Vater-unser beten oder das Glaubenbekenntnis sprechen. Insofern ist auch zu begrüßen, wenn der Zelebrant nach Möglichkeit die vorgesehenen Lieder mitsingt und nicht während dessen am Altar Gebete oder Riten vollzieht oder gar in Büchern blättert. Es erscheint besser, die vorgesehenen Gebete und Riten gesondert zu vollziehen, damit die Gemeinde auch dies mitvollziehen kann.

Ich will hier einmal eine Reihe von Ritualien aufzählen, die bis zur Liturgiereform vorgeschrieben waren, denen freilich kaum noch jemand nachtrauert; z.B.
- dass der Messkelch (mit Kelchvelum und Bursa) vom Priester hereingetragen wird,
- dass Albe und die liturgischen Tücher aus bestimmtem Leinen gefertigt sein müssen und nur nach bestimmten Regeln gewaschen werden dürfen,
- dass ein Manipel getragen wird,
- dass der Priester getrennt vom Volk (= nur mit den Ministranten) das Schuldbekenntnis spricht,
- dass Tagesgebet und Lesung auf der rechten, das Evangelium hingegen auf der linken Altarseite gelesen werden,

- dass der Priester alle Teile der Messe selbst liest – sogar wenn eine Schola das Graduale und Halleluja singt,
- dass die Stellung von Kelch und Hostie bzw. Hostienschale auf dem Korporale genau vorgeschrieben ist, was freilich die Gläubigen nicht sehen konnten,
- dass die Hostie des Priesters blank auf dem Korporale zu liegen hat,
- dass der Priester vielfach Kreuzzeichen über die eucharistischen Gaben zeichnen muss,
- dass der Priester ab der Wandlung Daumen und Zeigefinger immer geschlossen halten muss, was auf eine sehr engherzige, ängstliche Sorgfalt im Umgang mit der hl. Eucharistie schließen lässt,
- dass der Priester z.B. während der Wandlung insgesamt 4-mal das Knie beugen muss,
- dass der Kommunion-Empfang des Priester getrennt von dem der Gemeinde stattfindet,
- dass vor dem Empfang der Kommunion der Gläubigen die Ministranten erneut das Confiteor sprechen müssen,
- dass nach dem Segen und Entlassgruß erst noch das Schlussevangelium folgt.
- Zu nennen ist ferner die etwas „schmalspurige" Auswahl der Bibeltexte zu Lesung und Evangelium, wenn etwa während einer Woche stets die Texte vom vergangenen Sonntag vorgelesen werden.
- Ich kann mich erinnern, dass an den Werktagen die Priester vielmals einen Totengedenkgottesdienst hielten gemäß der Messintention für einen Verstorbenen. In allen Sakristeien gab es das „kleine" schwarze Messbuch. Gar nicht wenige Priester lasen diese Texte täglich. War das eine Folge des Latein, wenn man sich an den vielen Wiederholungen nicht störte?

Ich bin sicher, dass ich noch eine Reihe von Vorschriften aus der alten Liturgie vergessen habe. Ich selbst habe diese aus meiner Ministrantenzeit noch kennengelernt. Doch wahrlich: Niemand braucht dem

Verlorenen nachzutrauern. Für einen Seelsorger wie mich ist und bleibt unverständlich, wie Menschen heutzutage eine Liturgie mit den alten Ritualen herbeisehnen können. Leider ist den meisten gar nicht bewusst, was alles an kleinlichen Details früher zum liturgischen Ritual gehörte.

Doch was ist es, was viele traditionell denkende Menschen noch mit der früheren Kirche verbinden – gemeint ist damit stets die Kirche vor dem 2. Vatikanischen Konzil? Ich will versuchen, einige Aspekte dieser „Sehnsucht nach dem Früheren" auszuloten.

Da ist einmal der Aspekt der Feierlichkeit zu nennen. Es beeindruckt, wenn in einem Konvent zwanzig oder gar fünfzig Patres in die Kirche ziehen, den Choral mit dem Introitus gekonnt und geübt vortragen, wenn der Priester – nach dem Stufengebet, das er still mit dem Altardienst gesprochen hat – feierlich den Altar inzensiert und danach das Gloria anstimmt. Man bedenke auch, dass alle großen Kompositionen – gleich ob von Haydn, Mozart, Schubert oder Bruckner – aus einem solchen „Umfeld" kommen und von daher eine magische Klangwirkung zeigen. Der Gläubige konnte sich dabei dem, was er sah – oder auch nicht – und dem was er hörte, einfach hingeben. In Stille und Frömmigkeit trug er seine Bitten und Anliegen vor Gott und nahm so am liturgischen Geschehen teil. Es war für ihn ein frommes, erhebendes Sonntagsgeschenk.

Man hüte sich, solches Erleben allein auf die hohe Liturgie zu beschränken. Nein, es gibt genug Beispiele, wie Menschen sich persönlich ergriffen fühlten vom stillen „Beiwohnen" einer Messe oder dem stillen Gebet während einer Andacht mit „Aussetzung des Allerheiligsten". Beispielhaft nenne ich hier das Buch von André Frossard, Gott existiert. Ich bin ihm begegnet.

Ein weiteres scheint mir wichtig, wenn man die „alte" und die „neue" Kirche – ich lasse es einmal bei diesen Begriffen – einander gegenüberstellen will. Die alte Kirche war im Grunde viel einfacher „gegliedert". Es gab den Papst, den Bischof und eben den Priester.

Die anderen „Funktionsträger" wie etwa Generalvikar, Domkapitular, Prälat, traten für das gläubige Volk praktisch nicht in Erscheinung. Wichtig war „der Priester". Man wusste natürlich vom Unterschied zwischen Pfarrer und Kaplan. Doch allen war klar: Der Priester ist der vom Bischof geweihte und ausgesandte Bote Jesu Christi. Er ist die Schlüsselfigur der Kirche. Er darf die Sakramente (Taufe, Buße, Krankensalbung, Ehe) spenden. Der Priester übernimmt das Begräbnis. Er vor allem – und nur er – darf das hl. Messopfer feiern. Die „niederen" und „höheren" Weihen wie Diakon und Subdiakon erlebte das gläubige Volk kaum. Es waren gleichsam nur „bessere" Ministranten. Dem gegenüber betont das 2. Vatikanische Konzil die Vielfalt der Charismen, die Auffächerung der verschiedenen Dienste wie Lektoren, Kantoren, Organisten, Kollektensammler, Boten der eucharistischen Gaben etc. Es betont den besonderen Dienst des Diakons. Sie sind alle Mitwirkende an der Liturgie. Es ist gut, wenn viele aus der Gemeinde in das heilige Geschehen einbezogen sind. Es ist falsch, wenn immer wieder betont wird, das Konzil oder die erneuerte Liturgie habe die Stellung des Priesters gemindert. Es wird argumentiert: Der Priester steht jetzt nicht mehr allein am Altar. Er ist „umlagert" von vielen Diensten, die sich „nach vorne" drängen, ihn gleichsam „zustellen". Er werde dadurch praktisch „einer unter vielen." Doch diese Deutung ist falsch. Es liegt eine fatale Fehldeutung der erneuerten Liturgie vor. Die Mitwirkung von vielen unterstreicht die Bedeutung der Eucharistie, in deren Mitte der Priester steht und den niemand von dort verdrängen will. Die Messfeier ist und bleibt die zentrale Feier der ganzen christlichen Gemeinde. Keiner der Konzilsväter wollte Amt und Aufgabe des Priestertums schmälern. Und wenn die Würde des Volkes Gottes, die Würde der Getauften und Gefirmten nun stärker hervorgehoben werden, so entspricht dies voll der Botschaft des Neuen Testaments. Wer dies als Wertminderung für das Amt des Priesters deutet, verkennt einen wichtigen Grundtenor der christlichen Botschaft. Zurecht wendet sich der Apostel Paulus an die

Gläubigen in Rom, Korinth oder Ephesus mit den Worten: An die von Gott Geliebten, die berufenen Heiligen. Es tut gut, wenn dies auch in der erneuerten Liturgie zum Ausdruck kommt. Alle Getauften sind das geheiligte Volk Gottes.

Zutreffend ist ferner, wenn traditionell orientierte Gläubige den länderüberschreitenden Wert der lateinischen Sprache hervorheben. Die alte Liturgie war einfach international, weltumspannend. Ein deutscher Ministrant konnte ohne weiteres einem italienischen oder polnischen Priester bei der Messe „dienen" und umgekehrt. Alle Gläubigen auf der ganzen Welt verstanden die Zurufe des Priesters „Dominus vobiscum" oder „Sursum corda". Man kann dies heute noch spürbar erleben, wenn der Papst an den hohen Feiertagen den Segen Urbi et Orbi von der Loggia Maggiore vorträgt. Natürlich freuten sich alle, wenn der Papst im Anschluss noch in vielen Sprachen Grüße an die Versammelten richtet, was freilich angesichts der Fülle zuweilen etwas grotesk wirkt. Man kann dagegen mit gutem Recht unterstreichen, dass bei der erneuerten Liturgie jeder Gläubige in der Lage ist, dem Geschehen am Altar zu folgen. Und wenn einer die einzelnen Worte nicht versteht, so begreift er doch die Zusammenhänge der Riten und weiß sich auch in der fremdsprachlichen Feier zu orientieren.

Hier wäre ohnedies ein wichtiger Aspekt des religiösen Lebens zu bedenken. Es ist gut, sich zu vergegenwärtigen, dass im Grunde alle Menschen, die von klein auf im christlichen Glauben erzogen wurden, in ihrem persönlichen Gebet auf ihre Muttersprache zurückgreifen. Jesus hat uns gelehrt: Wir dürfen zu Gott „Papa" sagen (aramäisch „abba"!). Wir dürfen uns ihm in menschlich, ja sogar kindlich schlichter Weise nähern und ihm alles mit unseren einfachen Worten unterbreiten, was uns bewegt, was uns auf dem Herzen liegt, wo immer unsere Not liegt. Es soll aus einem gläubigen Herzen kommen. Dann ist es ein echtes, ehrliches Bitten und Rufen zu Ihm, vor Ihm, der unser Leben trägt und lenkt. Insofern war die Öffnung der Liturgie für die Muttersprache mehr als nur ein Umblättern im großen Buch des Lebens. Diesen Schritt muss man in seiner Bedeutung vergleichen mit der Wendung der Botschaft Jesu vom Hebräisch-Aramäischen zum Griechischen, mit der Öffnung der kirchlichen Sprache zum Lateinischen und schließlich zu den Hunderten Sprachen der modernen Zeit. Ich persönlich deute diese Entwicklung durch das 2. Vatikanische Konzil als einen Wink des Hl. Geistes, dem Weg der Ausbreitung der Frohen Botschaft eine weitere Etappe der „Inkulturation" hinzuzufügen. Die Betonung des Lateinischen in der Römisch-Katholischen Kirche über mehr als tausend Jahre hat gewiss zu einer festen inneren und äußeren Struktur der Kirche beigetragen, freilich auch so manche Konflikte hervorgerufen. Wir stehen heute immer noch am Anfang einer neuen Entwicklung der Kirche, deren weiteren Verlauf wir nicht abschätzen können. Gebe Gott, dass die Frohe Botschaft Jesu auf diesem Weg noch weiter und intensiver innerhalb der Menschheit Einzug hält und darin verwurzelt wird.

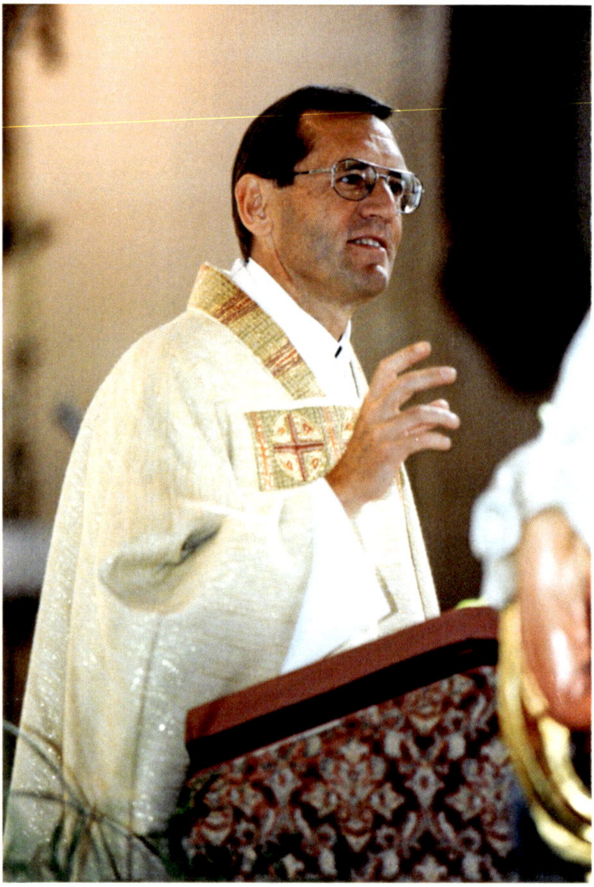

5. Thema Sprache und Liturgie

Kennen Sie die Zeitschrift „Höre zu"?

So ein Quatsch, werden Sie spontan sagen. Kein Mensch sagt „Höre zu!" Doch, doch so sprechen Menschen! Zwar nicht im alltäglichen Leben, jedoch in der Kirche, unentwegt! Es passiert ja im Grund nur selten, dass Einzelne den Pfarrer darauf hinweisen, dass in der Liturgie eine Menge an Floskeln „gepflegt" werden, die im sonstigen Leben längst in den Schubladen verschwunden sind. Ich nenne einmal ein paar Beispiele:

Christus, höre uns – erhöre uns.
Lasset uns beten
Gehet hin in Frieden
Erhebet die Herzen
Schenke Frieden
Erbarme dich unser

Ja, ich möchte Sie alle bitten, einmal ein Gebetbuch oder ein Schottmessbuch genauer in Augenschein zu nehmen. Sie werden eine ganze Fülle an veralteten Formulierungen finden, die zwar jeder noch gut versteht, die aber aus dem heutigen Sprachgebrauch verschwunden sind.

Ich muss gestehen, ich bin auf diese „Schwäche" schon während meiner Zeit im Erzbischöflichen Knabenseminar aufmerksam gemacht worden. Unser Chorleiter, Domkapellmeister Max Eham, zeigte uns ein Vesperheft mit dem Vers: „Du guter und getreuer Knecht, trete ein in die Freude deines Herrn!" Und ganz empört betonte er, das weiß doch jeder Ungebildete, dass es heißen muss: „Tritt ein in die Freude deines Herrn!"

Nun mag man mir sagen: Aber an diesem „e" entscheidet sich doch nicht eine klare, treffende Sprechweise. Gewiss! Ich bitte freilich zu beachten. Im Neuen Gotteslob, das 2013 / 2014 veröffentlicht wurde, hat man weitgehend die seit 50 Jahren gewohnte Sprech- und Singweise des „Ehre sei dem Vater" wieder erweitert mit dem Sohn-„e" und dem Heiligen Geist-„e". Dabei hatten die deutschsprachigen Bischöfe bereits kurz nach dem 2. Vatikanischen Konzil – nach meiner Meinung zurecht – das „e" getilgt. So war dies auch gehandhabt bei der früheren Ausgabe des Gotteslobs von 1976/1977. Nach meiner Ansicht haben da wohl die Ordensvertreter den Ausschlag für das „e" gegeben. Denn ich habe gesehen, dass im „Antiphonale", das großenteils in den Klöstern eingesetzt wird, sich ebenfalls das „e" findet. Doch warum eigentlich? Klar, mit dem „e" lassen sich die lateinischen Psalmtöne leichter übertragen. Doch wer sich auskennt, merkt schnell, es geht auch gut ohne das „e". Und wenn man die 9 Psalmtöne etwas stärker dem deutschen Sprachrhythmus anpasst, dann singen sich die Psalmverse im Deutschen ohnedies leichter. Ich weiß jedenfalls, dass die Wieder-Aufnahme des alten „e" viele langjährige Scholasänger nervt.

Ausgemerzt oder gestrichen gehören ebenfalls die verschiedenen „o", sofern sie nicht in Gedichten oder Liedern aus Tradition einfach dazu gehören. Man braucht kein „o Gott", „o Herr", „o Jesus, „o Maria", „o Heiland". Man kann es einfach weglassen. Es hilft niemandem. Es braucht niemand.

Es geht jetzt hier freilich nicht um „Kleinigkeiten", wie eben dieses nachstotternde „e" oder das etwas veraltete „o". Für den gesamten liturgischen Bereich, ebenso auch für die gesamte Seelsorge gilt es, eine gute, klare, leicht verständige Sprache zu sprechen. Kein Mitarbeiter im pastoralen Dienst kann sich davon ausnehmen. Das eigene Sprechen zu formen und die überlegte, vielfältige Wortwahl bekannter Schriftsteller zu studieren, ist eine unerlässliche Aufgabe für jeden im Dienst der Verkündigung. Ich lese zum Beispiel gerne die Reden der Bundespräsidenten – aktuell wie vor Jahren. Dort wird eine geschliffene Ausdrucksweise gepflegt. Ohne Umschweife, markant und knapp werden die Sachverhalte dargelegt und wichtige Erkenntnisse festgestellt. Diese Reden wirken von daher einfach überzeugend.

Ich erlaube mir an dieser Stelle ein paar Anmerkungen zur überarbeiteten Bibelübersetzung von 2016. Das gesamte Unterfangen, die vielen Texte des Alten und Neuen Testaments neu ins Deutsche zu übertragen, macht Sinn. Es wird nach einer gewissen Zeitspanne immer mal nötig sein, Texte zu überprüfen und dem geänderten Sprachgebrauch anzupassen. Ich fühle mich auch nicht in der Lage, das Gesamte der umfangreichen Arbeit zu begutachten. Übersetzung will immer möglichst genau den Urtext wiedergeben und sucht dennoch eine für alle verständliche Sprache. So wirkt etwa die Zurechtweisung des Petrus durch Jesus gemäß Matthäus-Evangelium 16,23 (Markus 8,33): „(Petrus) tritt hinter mich!" treffend und befremdlich zugleich. Angesichts des griechischen Textes kann man diese Version freilich rechtfertigen.

Ich meine jedoch, dass hingegen die Übersetzung von Jesaja 7,13 unzutreffend, ungewöhnlich und letztlich verwirrend ist. Ich zitiere den Satz nach der neuen Übersetzung: Hört, ihr vom Haus David, *genügt es euch nicht*, Menschen zu *ermüden*, dass ihr auch noch meinen Gott *ermüdet*?

In der alten Einheitsübersetzung hieß es: Hört doch, ihr vom Haus David! Ist es euch *zu wenig*, Menschen zu *belästigen*, dass ihr auch noch meinen Gott *belästigt*?

Die Gute-Nachricht-Bibel übersetzt wesentlich freier, doch dafür deutlich treffender: Hört, ihr vom Königshaus! Es reicht euch wohl nicht, dass ihr den Menschen zur Last werdet! Müsst ihr auch noch die Geduld meines Gottes auf die Probe stellen?

In der Sprache heutiger Zeit müsste es heißen: Hört, ihr vom Haus David! *Reicht es euch nicht*, Menschen zu *nerven*. Müsst ihr auch noch meinen Gott *nerven*? Ich sehe ein, dass das Wort „nerven" für eine offizielle Bibelübersetzung zu weit geht.

Doch das Wort „ermüden" trifft den Sinn nicht. Es geht doch um „langweilen", zur „Last fallen" (besser als „belästigen"), zu „stören" oder eben um zu „nerven". Will man in einer neutralen Sprechweise bleiben, so müsste es unbedingt heißen: Müsst ihr auch noch meinem Gott „zur Last fallen"?

Man nenne diese Anmerkungen nicht kleinlich. Ich beabsichtige auf keinen Fall, all die Mühen bei der Übersetzung des Hl. Schrift in Bausch und Bogen zu kritisieren. Ich weiß um die Schwierigkeiten. Aus meiner Sicht als Seelsorger habe ich jedoch noch ein anderes Anliegen: Wie kann ich möglichst viele Menschen näher an die Bibeltexte heranführen? Ich denke dabei an die Menschen aller Altersgruppen.

Was Kinder und Jugendliche betrifft, wird man gerne sagen: Es gibt ja die Schulbibeln. Es gibt eine Menge an Kinder- und Jugendbibeln auf dem Markt. Ja! Doch in meiner aktiven Zeit habe ich erlebt: Es gibt zwar in den Schulen meistens 2, 3 oder 4 Klassensätze an Bibelausgaben – Grundschulbibel, Bibel für Sekundarstufe 1. Doch nur wenige Kinder haben diese daheim, wo sie darin einfach schmökern können. Ich weiß auch den Wert der Einheitsübersetzung zu schätzen, bei der leider zuletzt die ökumenische Zusammenarbeit in Brüche ging. Doch für die Hand der Leute, gleich welchen Alters, wäre es mir oft lieber, manche Passagen wären freier übersetzt bzw. in ein verständlicheres Deutsch übertragen. Das gilt im Kleinen etwa bei den Bindeworten wie „und", „aber", „hingegen" usw. – vor allem in den Texten des Johannesevangeliums; noch mehr natürlich bei den Paulus- oder Apostelbriefen, und vor allem auch in den Texten und Geschichten des Alten Testaments. Das große Anliegen, das einst Martin Luther angetrieben hat, das „Wort Gottes" unter die Menschen zu bringen, ist aktuell wie eh und je. Auch treue Kirchgänger kennen die Bibel leider viel zu wenig. Und dennoch ist sie der erste Grundstock der

Missionierung. Die Bibel unter die Leute zu bringen, bleibt ein ganz zentrales Anliegen der Seelsorge, der Kirche.

Man muss auch zugeben, dass wir in der Frage der Übersetzung sowohl bei Bibel- wie bei Messtexten eher noch am Anfang stehen. Wir wissen, die evangelischen Christen sind uns auf diesem Gebiet voraus, denn seit 500 Jahren feiern sie die Gottesdienste in der Muttersprache. Es ist ungemein wichtig, treffend zu formulieren, klar zu sprechen. Das gilt für Bibelübersetzungen, das gilt auch für die Messbücher. Insofern dürfen diese Bemühungen nie als abgeschlossen gelten.

Wie sehr dies auch in die ganz offiziellen Texte eingreift, versuche ich an einem Beispiel aus dem 1. Hochgebet der Messe zu verdeutlichen. Es heißt dort offiziell: *Darum, gütiger Vater, feiern wir, deine Diener und dein heiliges Volk* (Warum diese Doppelung der Apposition? Sie stört den Gedankengang.) *das Gedächtnis deines Sohnes, unseres Herrn Jesus Christus* (Auch diese Apposition ist nicht nötig,) *Wir verkünden sein heilbringendes Leiden, seine Auferstehung von den Toten und seine glorreiche Himmelfahrt. So bringen wir aus den Gaben, die du uns geschenkt hast, dir, dem erhabenen Gott, die reine, heilige und makellose* (Warum diese 3-fach Kennzeichnung) *Opfergabe* (auch wenn über diesen Begriff nach dem Konzil lange diskutiert wurde, so sollte man doch das einfachere Wort „Opfer" belassen.) *das Brot des Lebens und den Kelch des ewigen Heiles.*

Ich weiß, es ist nahezu unmöglich, an diesem altehrwürdigen Text „herumzufeilen". An dieser deutschen Fassung haben viele Fachleute gearbeitet: Vertreter der deutschsprachigen Bischofskonferenzen, die Liturgischen Institute und andere. Bekanntlich achtet die Vatikanische Ritenkongregation mit Argusaugen auf jeden Buchstaben des Messbuchs und lässt auch nicht die geringste Abänderung vom lateinischen Urtext zu.

Es erscheint mir freilich unerlässlich, dass ich als Diener der Liturgie eine klare, gut verständliche Sprache spreche. Und so ziehe ich es vor, diesen Anamnesetext aus dem Hochgebet wie folgt vorzutragen:

Darum, gütiger Vater, feiern wir das Gedächtnis deines Sohns. Wir verkünden sein heilbringendes Leiden, seine Auferstehung von den Toten und seine glorreiche Himmelfahrt. So bringen wir aus den Gaben, die Du geschenkt hast, Dir, dem erhabenen Gott, das reine und makellose Opfer dar, das Brot des Lebens und den Kelch des ewigen Heils.

Man könnte sagen: Da ist nicht viel gewonnen! Richtig. Doch ich durfte in meinen Seelsorgsjahren feststellen, dass viele Priester das 1. Hochgebet wegen seiner etwas schnörkelreichen Sprache meiden und allermeist das 2. Hochgebet verwenden, weil es am kürzesten und wohl auch am prägnantesten ist. Die vielen Appositionen und ausschmückenden Adjektive lenken den Zuhörer eher ab, als dass sie ihn zur Mitte des liturgischen Geschehens führen.

Noch eine andere Erfahrung scheint mir wichtig. Auf einer Reise war ich zufällig in den Gottesdienst einer französischen Stadtgemeinde geraten. Der Priester las gerade feierlich die Epiklese:

„*Santifie pleinement cette offrande par la puissance de ta bénédiction, rends-la parfaite et digne de toi: qu'elle devienne pour nous le corps et le sang de ton Fils bien-aimé, Jésus Christ, notre Seigneur.*" Mir war zu dieser Zeit die französische Liturgie noch fremd. Ich horchte jedoch auf bei den Worten „de ton Fils bien-aimé", die der Geistliche mit klarem Akzent hervorgehoben hatte, und dachte spontan, wie schön! Diese Formulierung mit dem nachgestellten Adjektiv ist viel vollendeter als im Deutschen das „zum Leib und Blut deines geliebten Sohnes" oder im Lateinischen „ut nobis Corpus et Sanguis fiat dilectissimi filii tui". Dieses im Französischen nachgestellte Adjektiv „bien-aimé" gibt dem Satz einen harmonischen Klang und einen passenden theologischen Akzent.

Es ist dies nur ein geringfügiges Beispiel. Es macht freilich deutlich: Jede Sprache hat seine besonderen Eigenheiten und kann somit Glaubenserfahrungen und Glaubensempfindungen auf die je eigene Weise zum Ausdruck bringen. Man sollte die damit verbundenen Chancen nutzen.

Von daher – nach rund 40 Jahren Tätigkeit in der Pfarrpastoral – richte ich meine ganz herzliche Bitte an alle Verantwortlichen bei der Ausarbeitung von liturgischen Büchern und Bibelübersetzungen: Kleben Sie nicht sklavisch am lateinischen oder vielleicht gar griechischen Urtext! Wo immer sich Möglichkeiten bieten, übersetzen Sie in eine gut-fließende, einfache, verständliche Sprache, ohne die vielen Schnörkel von Appositionen und Adjektiven! Die Sprache ist unser wichtigstes Werkzeug in der Seelsorge und Liturgie. Wir können eine klare, einfache, leicht verständliche Sprechweise nicht genug pflegen!

6. Die liturgischen Bücher

Es steht fest: Die Abfassung der liturgischen Bücher nach Abschluss des 2. Vatikanischen Konzils war eine Mammutaufgabe, die mit großem Einsatz vieler Beteiligter bewältigt wurde – weltweit und vor allem auch für den deutschen Sprachraum. Das Unterfangen war schwierig. So weit ich mich erinnern kann, erschienen im deutschsprachigen Raum innerhalb der Jahre von 1965–1976 in vier Etappen Veröffentlichungen eines deutschen Messbuchs und deutscher Lektionare. Ich weiß aus verschiedenen Quellen, wie intensiv innerhalb der Römischen Kurie um die Neugestaltung der Messliturgie gerungen wurde. Allen daran Beteiligten gebührt Respekt. Sie haben in der Tat ein anerkennenswertes Werk geschaffen.

Zur Erstellung der deutschen Messbücher musste man im Grund Neuland betreten. Es gab zwar seit 1883 einen deutschen Volksschott und schon zwei anerkannte katholische Bibelübersetzungen. Dennoch war klar, man stand mit der Herausgabe eines Messbuchs und der Lektionare im Deutschen vor einer neuen mühsamen Aufgabe. So versteht sich, dass der Weg nur in Etappen zu bewältigen war. Über Jahre wurde eifrigst gearbeitet, korrigiert, um die richtige Wortwahl gerungen und im positiven Sinn auch „gestritten". Das Ergebnis kann man durchwegs als Erfolg buchen. Fast alle Gemeinden – mit nur ganz geringen Ausnahmen – übernahmen ab 1976 dankbar und mit Freuden das neu erstellte vollständige Messbuch.

Die Ausnahmen gab es. In Econe, in der französischen Schweiz, startete Erzbischof Marcel Lefebvre ab dem Jahr 1970 mit der Gründung der Priesterbruderschaft Pius X., eine Gegenbewegung, welche die Reformen des 2. Vatikanischen Konzils weitgehend verwarf. In der Liturgie duldete man kein Abweichen vom alten Messbuch, fixierte es auf das Messbuch, das Papst Johannnes XXIII. noch kurz vor Beginn des Konzils verordnet hatte. Die Spaltung zwischen beiden Seiten vertieften sich, nachdem Papst Paul VI. mit Fertigstellung des neuen Messbuchs die Verwendung des alten Ritus – vor allem im öffentlichen Bereich – verbot.

Als junger Priester konnte ich mir niemals vorstellen, dass diese Spaltung sich im Lauf der Jahre so sehr verhärten sollte. Ich persönlich kann den Wunsch nach dem alten Ritus nicht im Geringsten nachvollziehen. Welche Gründe sprechen dagegen, dass die ganze Gemeinde am Beginn des Gottesdienstes das Schuldbekenntnis spricht? Warum sollten nicht alle zusammen das Gloria singen? Auch die Vielfalt der Lesungen und Evangelientexte – sonntags wie werktags – sind ein Segen. An der Sprache kann es doch nicht liegen!? Ein Gewinn ist ferner der Einsatz von Fürbitten, auch wenn deren Vorbereitung immer etwas Mühe bereitet. Nach wie vor begrüßen die meisten Priester, dass nun vier eucharistische Hochgebete zur Verfügung stehen, noch zwei oder drei mehr, wenn man spätere Editionen hinzurechnet. Wie schön ist es, wenn die Besinnung nach der Kommunion mit einem gemeinsamen Lied oder einem Wechselgesang nachklingt. Wahrlich, die Gesamtausrichtung des neuen Messbuchs stimmt. Man kann sie nur begrüßen!

Bei aller positiven Begutachtung dessen, was im Rahmen der liturgischen Erneuerung hervorgebracht wurde, erscheint es etwa fünfzig Jahre nach Erneuerung der liturgischen Bücher nicht abwegig, ein paar Gedanken zur Erweiterung oder Verbesserung anzuführen. Ich nenne einige Gesichtspunkte, die mir vor allem aus der Praxis erwachsen sind. Und ich bin dabei gewiss nicht der einzige.

Ich verweise als erstes auf die Art und Weise der Eröffnung. Beim feierlichen Gottesdienst zieht der Priester mit dem Altardienst ein. Alle beugen das Knie. Und was macht der Priester als erstes: Er küsst den Altar. Verstehen das die Gläubigen? Was macht er als zweites: Er beräuchert den Altar. Warum den Altar? O ja, ich kenne die Argumente: Der Tisch für das hl. Mahl Gottes mit uns Menschen, geweiht und gesalbt durch den Bischof. Das heißt: Dem Altar gebührt Ehre! Doch die Leute verstehen es nicht. Der Gebrauch des Weihrauchs ist ihnen einfach fremd. Wir leben eben nicht im Orient. Mit unseren modernen Rauchgewohnheiten hat es nichts zu tun. Und warum kommt der Weihrauch ganz zentral an den Gottesdienstbeginn? Man bedenke: Im alten Ritus folgte die Inzenz des Altars erst nach dem Stufengebet. Das heißt das Gebet, das Schuldbekenntnis kommt vor dem Weihrauch! Unbeabsichtigt hat im Rahmen der Erneuerung der Liturgie der Einsatz des Weihrauchs einen Erstrang zugesprochen bekommen. Ich bezweifle, ob das gut war. Und wenn man dieses orientalische Symbol schon zur Geltung bringen will, müsste dann nicht im Vordergrund die Inzenz des ganzen Gottesvolks stehen – also aller Getauften, die sich zum Gedächtnismahl des Herrn versammelt haben? Wäre nicht die Inzenz des Kreuzes wichtiger und für die Gläubigen verständlicher? Und ich möchte weiter fragen: Macht es einen Sinn, im Rahmen der Gabenbereitung die ganze hierarchische Struktur der Versammelten durch die Weihrauchgabe hervorzuheben? Warum braucht es überhaupt den mehrmaligen Einsatz des Weihrauchs? Die meisten im Volk verstehen das jedenfalls nicht. Kurz und gut: Wer mich kennt, weiß: Ich bin kein Freund von Weihrauch. Der Einsatz des Weihrauchs bringt im Allgemeinen reichlich Unruhe in das Geschehen am Altar. Der Weihrauch löst beim Priester, bei den Lektoren und vor allem auch im Volk manchen Hustenreiz aus. Ich kann darauf gerne verzichten.

Als zweites möchte ich den Einsatz von Musik und Gesang nennen. Im alten Ritus war alles Musikalische letztlich nur Beiwerk. Alles, was Gemeinde, Chor, Kantor oder Schola gesungen haben, wurde vom Priester kaum beachtet. Am Altar vollzog sich die heilige Liturgie. Der Priester las alle Texte still im Messbuch. Alles andere darum war eben Beiwerk, würdig, ehrfürchtig und fromm, aber eben Beiwerk. Nach dem erneuerten Ritus soll nun zu Recht der Gesang ein wichtiges Bindeglied des Priesters mit der ganzen Gemeinde darstellen. Darum ist es richtig und sinnvoll, wenn alle, Priester, Ministranten, Chor und Volk gemeinsam singen und sich dabei ganz diesem Lob Gottes widmen. Es mag sinnvoll sein, wenn das Volk oder der Chor schon zum Einzug singt. Doch das Kyrie, das Gloria, das Credo – gesprochen oder gesungen – ebenso das Heiliglied, das Agnus-Dei-Lied, das Danklied nach der Kommunion, ebenso auch das Schlusslied sollte die gesamte Gottesdienstgemeinde singen. Der Priester und der Altardienst sollen sich nicht absentieren, nicht andere Aufgaben währenddessen erledigen, sondern nach Kräften mitsingen!

Damit jeder Abschnitt auch richtig zum Tragen kommt, möchte ich empfehlen, eine Praxis aufzugreifen, die ich während meiner Studienjahre bei der amerikanischen Gemeinde in Rom erlebt habe: Nach den Fürbitten wurden alle eingeladen sich zu setzen. Es folgte das Einsammeln der Kollekte – in Stille. Es waren jeweils 6–8 Kollektanten im Einsatz. Innerhalb von zwei Minuten war die Aktion beendet und die Körbchen wurden sichtbar vor dem Altar abgestellt. Danach folgte die Bereitung des Altars und danach erst ein gemeinsames Lied. Gewiss: Solches Vorgehen nimmt etwas Zeit in Anspruch. Doch alle Versammelten verstanden, was hier vor sich geht. Alle wissen: Die Kirche braucht die finanziellen Spenden, um ihren Aufgaben gerecht zu werden. Für alle wurde deutlich, dass unsere materiellen Gaben einfließen in die Gaben, die wir gemäß dem Auftrag Christi zum Altar bringen. Es macht auch Sinn, wenn wir dieses gesamte Geschehen mit einem passenden Lied zum Klingen bringen. Ich brauche nicht eigens erwähnen, dass für diese Praxis der Gabenbereitung sich der Einsatz eines Rufes wie im z.B. GL 189 bestens eignet.

Die Texte zu Oration, Gaben- und Schlussgebet wurden – soweit ich weiß – im erneuerten lateinischen Messbuch weitgehend vom früheren Messbuch übernommen. Ihre Formulierungen folgten dem „strengen, römischen" Stil, wie im Liturgieunterricht gelehrt wird. Ohne Zweifel hat ihre knappe, klare Ausdrucksform etwas Eindringliches, Konzentriertes, Schnörkelloses: und damit einen hohen Wert.

Sie sind und bleiben ein Musterbeispiel klassischen kirchlichen Lateins und verdienen von daher ihre Wertschätzung. Sie sind von daher ein wichtiger Baustein im lateinischen Messbuch.

Ich weiß jedoch, dass es mit der Übersetzung so seine Schwierigkeiten hat. Die Fachleute für Liturgie im deutschen Sprachraum zerfielen dabei in zwei Gruppen. Die einen wünschten eine möglichst wortgetreue Übersetzung, um die Einheit der Kirche beim Gebet an den hohen Feiertagen und den Sonntag zu gewährleisten. Und das ist gewiss von hoher Bedeutung. Andere wünschten etwas mehr Freiheit und Anpassungsmöglichkeit in der Übersetzung, was allerdings in der Mehrzahl der Fälle von seiten der Römischen Kurie abgelehnt wurde. Im deutschsprachigen Messbuch findet sich so eine Art Kompromiss. Bei den Orationen für die Sonn- und Feiertage wird meist die wörtliche Übersetzung geboten. Es finden sich freilich auch eine Reihe von Auswahltexten, die vermutlich von deutschsprachigen Liturgikern erarbeitet wurden. Nach meiner Meinung war es für die damalige Zeit ein brauchbarer Kompromiss.

Nach jahrelanger Praxis spürte ich mehr und mehr das Verlangen, in den Orationen mehr Bezug zu den biblischen Texten des jeweiligen Sonn- oder Feiertags anklingen zu hören. Ich nenne einfach einmal ein paar Beispiele aus dem Lesejahr A:

a) die Oration zum 2. Sonntag Jahr A mit dem Kernsatz: „Gott, du hast Macht über die Herzen der Menschen. Stärke alle, die sich um die Gerechtigkeit mühen." Die 1. Lesung freilich hebt die Berufung des Propheten Jesaja hervor: „ .... Schon im Mutterleib habe ich dich zu meinem Knecht gemacht." In der 2. Lesung wendet sich der Apostel Paulus an die „Geheiligten in Christus Jesus". Im Zentrum des Evangeliums findet sich das Wort des Johannes: „ Seht das Lamm Gottes!" Von all diesen Gedanken taucht nichts auf: weder im Tagesgebet noch im Gabengebet, auch nicht im Schlussgebet. Übrigens: Diese Oration vom 2. Sonntag würde besser zum 4. Sonntag Jahr A passen!

b) Ich nehme als nächstes die Texte des 4. Sonntag Jahr A:
Das Evangelium bietet den Text mit den acht Seligpreisungen. In der 1. Lesung spricht der Prophet den Gedemütigten Trost zu. Der Apostel Paulus sucht die Gläubigen in Korinth zu ermutigen und schreibt: Es sind nicht viele Weise, nicht viele Mächtige bei euch, ... doch das Niedrige in der Welt hat Gott erwählt!" Das Tagesgebet jedoch formuliert schlicht: „Gott, du hast uns erschaffen, damit wir dich preisen. Gib, dass wir dich mit ungeteiltem Herzen anbeten." Ich würde mir einen treffenderen Bezug zu den acht Seligpreisungen auch im Tagesgebet, ebenso im Gaben- und Schlussgebet wünschen.

c) Ich nenne noch ein Beispiel. In diesem Fall vom 3. Fastensonntag Jahr A:
Die Lesung berichtet wie Mose dem Volk Wasser aus dem Felsen eröffnet. Die 2. Lesung betont die Liebe Gottes, die in unsere Herzen ausgegossen ist. Das Evangelium vom Gespräch Jesu mit der Samariterin verheißt uns das lebendige Wasser vom Himmel. Alle drei Texte bereiten auf die Taufe vor, die dann in der Osternacht an die Katechumenen gespendet wird. Obwohl dies ein altes Traditionsthema ist, tauchen diese Gedanken in den Orationen der Messe leider nicht auf.

Ich belasse es bei diesen drei Beispielen. Jeder Zelebrant, der sich anschickt, gerade jungen Menschen den Sinn der „Grundgebete" der Kirche – und das sind die Orationen der Sonntagsmesse – zu erschließen, wird sich an diesem mangelnden Zusammenhang „die Zähne ausbeißen".

Mach's besser! werden mir viele entgegenhalten. Ich weiß, dass meine Anmerkungen nicht leicht umzusetzen sind. Doch ich bin überzeugt, dass es viele Priester gibt, die ähnlich denken und Vergleichbares erfahren. Eine Revision des Messbuches sollte dieses Problem ins Auge fassen. Vermutlich ist es müßig, solche Korrekturwünsche bis an die Verfasser des lateinischen Messbuchs heranzutragen. Ich persönlich plädiere für eine „maßvolle" Freiheit in der Ausformulierung der liturgischen Bücher der jeweiligen Sprachen. Es würde vor allem bedeuten, dass für die 3 Lesejahre der Sonntage jeweils eigene Orationen geschrieben werden.

A propos thematischer Zusammenhang innerhalb der Texte eines Tages. Schon in der Ausarbeitung des lateinischen Lektionars wurde mit viel Sorgfalt die Auswahl der Antwortpsalmen nach den Lesungen getroffen. Auch heute – nach rund 50 Jahren – steht das Lob hierfür außer Frage. Weniger glücklich erscheinen die meisten Responsorien im Brevier. Angesichts der Fülle biblischer Texte enttäuscht es kollossal, wenn etwa während des ganzen Advents bzw. während der ganzen Fastenzeit oder der Osterzeit stets die gleichen Responsorientexte auftauchen.

Interessant ist auch, wie unterschiedlich die Praxis des Antwortgesangs in den Messfeiern ausfällt. Kehrvers und Psalm, die von einem Kantor, gerne auch von einer Kantorin vorgetragen werden, findet man in der Praxis relativ selten. Der Dienst des Kantors ist auch anspruchvoll. Text und Melodie sollen sicher und verständlich vorgetragen werden. In den allermeisten Kirchen ist dazu ein Mikrofon nötig. Ich habe auch großen Respekt vor den Organistinnen und Organisten, die es fertigbringen, vom Spieltisch aus die Verse zu singen und sich gleichzeitig am Instrument zu begleiten. Der Vortrag von der Orgelempore aus bleibt insgesamt unbefriedigend und war auch von der liturgischen Kommission so nie erwünscht. Vor allem an Werktagen mag es naheliegend sein, Kehrvers und Psalm durch einen Lektor vorzutragen. Dabei wäre es schön, wenn diesen Part ein 2. Lektor übernimmt. Im Grunde wundere ich mich, dass man ganz selten eine dritte Version praktiziert. Der Kehrvers wird gesungen. Die Psalmverse dazwischen jedoch werden vorgelesen. Auf diese Weise verflüchtigen sich die musikalischen Schwierigkeiten. Eine solche Lösung kann auch von einfachen, weniger geübten Gemeinden gepflegt werden.

Grundsätzliche Anmerkungen zum neuen Gotteslob (Ausgabe 2013/14) werde ich später noch gesondert niederschreiben. An dieser Stelle möchte ich freilich anmerken, dass ich sehr bedauere, dass im Gotteslob bei den Psalmodien fast ausschließlich Melodien nach den alten Kirchentonarten aufgelistet sind. Dabei gibt es längst viele Varianten, die sich für die deutsche Sprache besser eignen. Man denke nur an den reichen Fundus der Gesänge von Taizé oder an die Arbeiten von P. Joseph Gelineau SJ.

Zur Musik in der Liturgie

Unendlich viel könnte ich zur Musik in der Liturgie schreiben. Ich will mich hier einmal zu Wort melden als ein jahrlang aktiver Pfarrer, der auch auf eine vielseitige musikalische Ausbildung und Praxis zurückgreifen kann. Grundsätzlich möchte ich betonen: Wenn das 2. Vatikanische Konzil der Orgel unter allen Musikinstrumenten einen Ehrenplatz einräumte (vgl. SC Nr. 120), so muss diese Akzentuierung mit Maß und Ziel betrachtet werden. Ich habe einmal erfahren, dass mit hohem finanziellen Aufwand in einer Westafrikanischen Großstadt eine – natürlich europäische – Kirchenorgel gebaut wurde, die auf Grund der feuchtheißen Witterung bald ihren Dienst versagte. Rund 10 Jahre später wurde mit Unterstützung einflussreicher Diplomaten eine Renovierungsaktion gestartet mit der vagen Zusicherung, künftig das Problem der hohen Feuchtigkeit in den Griff zu bekommen. Ich kenne – Gott sei Dank möchte ich sagen – das Ergebnis dieser Bemühungen nicht. Wenn man schon europäische Musikkultur nach Afrika importieren will, so gibt es wahrhaft wesentlich einfachere Möglichkeiten!

Ich kenne keinen Pfarrer, der nicht hin und wieder stöhnte, weil schon wieder eine Reparatur, eine Nachstimmung oder ein Umbau der Orgel seiner Pfarrkirche oder einer Kapelle anstand. Gewiss braucht es in einer Domkirche, in einer repräsentativen Stadtpfarrkirche eine gut ausgestattete Orgel. Doch braucht es so etwas auch in einer kleinen Dorfkirche, in einer Filialkirche oder Kapelle? Ich weiß auch von Fällen, wo Orgelbauer betonten, das Instrument auf der Empore ist in gutem Zustand, nur sollte es eben öfter gespielt werden. Es fehlt vielfach an Organisten. Es ist eben nicht leicht Musikerinnen oder Musiker zu finden, die ein so anspruchvolles Instrument wie eben die Orgel sicher und gewandt bespielen können.

Ähnliches gilt für den gesamten Kirchenmusikbereich. Als Liebhaber klassischer Musik freue ich mich jedesmal, wenn ich einen schönen Chorgesang oder gar eine volltönende Orchestermesse hören darf. Anerkennung verdienen auch jene Chorsängerinnen und Chorsänger, die trotz ihres Alters noch immer zu Proben und Gottesdiensten die oft winkligen Stufen der Orgelempore hochsteigen, um den Gottesdiensten oder Andachten einen musikalischen Akzent zu verleihen. Die meisten Kirchenmusiker haben auch Verständnis, wenn sowohl der Chor als auch die Gemeinde mit Gesängen beteiligt werden. Es kommt auf die richtige Mischung an. Bei den klassischen Orchestermessen taucht immer die Frage auf: Muss der Chor die gesamte Messe – gleich ob von Mozart, Haydn oder Bruckner – zum besten geben, oder genügen Teile davon. Wenn natürlich zusätzlich Instrumentalisten oder Solisten von weit her eingeladen werden, dann dringt der Chorleiter darauf, die ganze Messkomposition „aufzuführen", also mit Kyrie, Gloria, Credo, Sanctus, Benedictus und Agnus Dei. Wiederkehrend taucht die Frage auf: Wann soll das Benedictus oder das Agnus Dei gesungen werden? Kann man das Gloria, das Credo oder das Agnus Dei nicht kürzen? Natürlich geht das nicht, wenn ich es vom musikalischen Standpunkt aus betrachte. Man kann auch fragen: Woher die Eile? Haben wir nicht genug Zeit – wenigstens ein paar Mal im Jahr – um die gesamte Messe, wie vom Komponisten gedacht, zu hören? Umgekehrt: Wer weiß nicht um die Klage eines Gottesdienstbesuchers: Naja, der Gottesdienst war schön und feierlich. Doch ich hatte den Eindruck, wir haben ein wunderschönes Konzert gehört; nebenbei wurde auch noch Eucharistie gefeiert!? Wie gesagt: Es gilt in allem das rechte Maß zu finden.

50 Jahre nach dem Konzil dürfte auch die alte Streitfrage tief in der kirchlichen Ablage verschwunden sein: Sind all die vielen anderen Musikinstrumente zur Gestaltung des Gottesdienstes geeignet? Längst wissen wir, wie schön ein Gottesdienst mit Flöten-, mit Geigen-, mit Bläser-, Gitarren- oder Harfenmusik sein kann. Auch Trommeln, Orff'sches Schulwerk und alle Arten von rhythmischen Instrumenten vermögen je nach Art einen Gottesdienst lebendig zu untermalen.

Drei Dinge möchte ich dabei hervorheben:
- Alle Gesänge sollen auf das liturgisch-theologische Thema abgestimmt sein. Man wird in der Praxis immer wieder Kompromisse eingehen; doch bitte „mit Maß und Ziel".
- Die versammelte Gemeinde sollte so viel wie möglich einbezogen werden. Liturgie ist kein Konzert und kein musikalischer Vortrag. Alles zu seiner Zeit!
- Gerade rein instrumentale Musikstücke müssen sich in den Gesamtablauf der Liturgie gut einfügen.

Und schließlich möchte ich ein kleines Plädoyer anhängen für den Einsatz elektronischer Orgeln oder Klaviere. Ja, eine Orgel lässt sich heute sogar schon per Computer steuern. Vor Jahren war ich wegen solcher Vorschläge noch sehr skeptisch. Inzwischen fange ich an umzudenken. Alles zu seiner Zeit. In kleinen Dorfkirchen oder Kapellen könnte dies manche Vorteile bringen.

Komplett abzulehnen ist freilich, eine vollständig orchestrierte Chormesse per CD oder gar mit Beamer per DVD einzuspielen. Damit würde das Geschehen am Altar degradiert. Sinnvoll ist es hingegen, wenn per Video oder auch per Instagram eine Messe ins Wohnzimmer übertragen wird. Gerade alte, kranke oder behinderte Menschen können auf diese Weise am liturgischen Geschehen teilnehmen.

Ein Wort zum Einsatz des Gregorianischen Chorals. In meiner Seminarzeit wurde dieser noch eifrig gepflegt. Unsere Seminargemeinde hatte fast wöchentlich eine Probe mit einem angesehen Choralfachmann. Dabei erinnere ich mich, dass die Gesänge trotz Proben immer recht „zäh" vonstatten gingen. Es fand sich kein Schwung, keine rechte Begeisterung. Später, nach meiner Priesterweihe, habe ich nur noch selten ein Choralamt – wohlgemerkt mit Introitus, Graduale, Offertorium, Communio etc. erlebt. Jeder, der sich auskennt, wird zugeben: Den gregorianischen Choral wirklich schön zu singen, ist schwer, erfordert viele Proben, mehr als vielleicht manche Mozartmesse. Und niemand wird leugnen, dass uns das Latein immer fremder wird.

Nicht vergessen möchte ich, dafür zu werben, dass es dem liturgischen Charakter von Gloria oder Credo am meisten entspricht, wenn man den vollen Text singt. Es empfiehlt sich der Einsatz von Schola oder Kantor und Gemeinde im Wechsel. Doch nicht in jeder kleinen Gemeinde wird man solches aufbieten können.

Zu den Fürbitten

Das allgemeine Gebet der Gläubigen wurde durch das 2. Vatikanische Konzil in die Liturgie eingeführt. Es war eine richtige Entscheidung, die durch die liturgische Bewegung schon längst vorbereitet war. Dennoch ist die Praxis gar nicht so einfach. Wer versucht, mit Kindern Fürbitten vorzubereiten oder zusammen zu tragen, spürt unverzüglich, wie wenig geübt viele Kinder und Jugendliche vor Gott stehen, wie es ihnen an „Gebetsschulung" mangelt. Kinder sind schnell bereit, für die Gesundheit von Opa und Oma, für ihr Kätzchen oder ihr Meerschweinchen zu beten. Die Not der Mitmenschen, der Einsatz derer, die Tag für Tag harte Arbeit leisten, kommt ihnen weniger in den Sinn. Doch kein Zweifel: Diese Mühen der Gebetsschulung sind wichtig und notwendig. Wir alle müssen lernen zu beten. Wir müssen

Augen und Ohren offen halten für die Probleme bei uns, in unserem Land oder in der Welt. Wir müssen erkennen, wie schnell unser Leben aus dem Ruder läuft, wie sehr wir einen Größeren brauchen, der uns hält und stützt. Wer als Gast in einen Gottesdienst kommt und beobachtet, wie die Fürbitten vorgetragen werden, der kann schnell erkennen, wie aktiv oder eben wie passiv eine Gemeinde am Gottesdienstleben teilnimmt. Obendrein tut es gut, wenn am Ende der Fürbitten etwas Stille waltet, wobei dann jeder Teilnehmer seine persönlichen Anliegen vor Gott vorbringen kann.

Ein besonderes Augenmerk sollte auch auf den Antwortruf der Gemeinde gelegt werden. Der meist praktizierte Ruf „Wir bitten dich, erhöre uns!" erscheint zu einseitig. Es ist auch unglücklich, wenn alle Zuhörer nur darauf warten, wann sie mit der Antwort einsetzen können, die Fürbitte selbst aber kaum beachten. Nach jeder vorgetragenen Bitte sollte auch eine kurze Zäsur der Stille folgen. Danach wird zum Antwortruf übergeleitet. Jeder Priester, ja jeder Leiter einer Gottesdienstfeier oder einer Andacht sollte sich eine Anzahl möglicher Antwortrufe bereit halten. Gerade hier tut Vielfalt gut!

Zur Gabenbereitung

Soweit ich mich erinnere, war es Papst Johannes Paul II., der bei seinen großen Gottesdienstfeiern, die er in vielen Ländern zelebrierte, jeweils eine feierliche Gabenprozession durchführen ließ. Er nahm sich immer Zeit für einen liebevollen Blick für die Prozessionsteilnehmer, wechselte oft sogar ein paar Worte mit ihnen und bot ihnen damit Aufmerksamkeit. Ein schöner Akzent in der Feier der Messe, den wir Priester viel öfter praktizieren sollten. Ich weiß von einem Pfarrer, der an jedem Sonntag durch die ganze Kirche ging und alle Kinder – angefangen von den Kleinen bis zu den Firmlingen – einlud mitzukommen und die Gaben zum Altar zu bringen. Diese blieben dann auch während des Hochgebets und der Kommunion im Altarraum und konnten auf diese Weise aus der Nähe verfolgen, was dort geschieht. Ein jeder Pfarrer ist auch gut beraten, wenn er etwa zum Erntedankfest eine feierliche Gabenprozession durchführt, eventuell sogar mit ein paar begleitenden Sätzen zu den Früchten unserer Heimaterde. Warum sollte man solches nicht auch an den anderen hohen Feiertagen wie etwa Drei-König, Maria Lichtmess, Aschermittwoch, Pfingsten oder auch einem der ganz gewöhnlichen Sonntage durchführen. Dabei muss die Prozession im Mittelpunkt stehen. Die Orgel darf – wenn überhaupt – nur leise das Geschehen begleiten. Auch die Dankgebete des Priesters am Altar über die Gaben sollten nicht durch ein Gemeindelied oder durch Chorgesang „überdeckt" werden. Da empfiehlt es sich – wie schon oben gesagt – das Geschehen am Altar abzuwarten und danach erst gemeinsam ein Lied zu singen.

Zum Hochgebet

Ein jeder Zelebrant nimmt dankbar an, wenn er bei der Messfeier zwischen mehreren Hochgebeten wählen kann. Auch das ist eine Frucht der Arbeiten der liturgischen Kommission nach dem Konzil. Ebenso begrüßen es die Gläubigen, wenn etwas Abwechslung in die Texte kommt, die sie ja Sonntag für Sonntag, manche von ihnen auch an den Werktagen hören. Ein kluger Seelsorger wird hier eine gesunde Vielfalt praktizieren. Wie passend wirkt etwa das Hochgebet zum Jahr der Versöhnung in der Fastenzeit, wie ideal eines der neuen Hochgebete für besondere Anlässe zur österlichen Zeit. Ich höre immer wieder, wie einzelne für die kirchliche Liturgie Verantwortliche die Zahl der zugelassenen Hochgebete einschränken wollen. Ich sehe dafür keinen Anlass und kann nur inständig bitten, eine gesunde Vielfalt zu erlauben. Es versteht sich, dass dabei die Einsetzungsworte in allen Texten gleich sein sollen. Ein Seelsorger, der regelmäßig mit seiner Gemeinde Gottesdienst feiert, wird auch versuchen, zum Anamnesevers „Deinen Tod, o Herr, verkünden wir..." verschiedene Gesangformen anzuwenden.

Gerne wird in den Gemeinden angenommen, wenn beim Hochgebet, eventuell auch bei den Fürbitten, insbesondere der Verstorbenen gedacht wird – entweder der vor kurzem Verstorbenen oder der angegebenen Intentionen. Dabei sollte man darauf drängen, die Verstorbenen mit vollem Vor- und Nachnamen zu nennen, nicht jedoch mit Verwandtschaftsgraden, die ohnedies nur für die Betreffenden von Interesse sind.

Es ist mir als Seelsorger immer schwer gefallen, die abschließende Doxologie besonders hervorzuheben, obwohl ich diese Praxis für gut finde. Sie ist der Liturgie der orthodoxen Kirchen entnommen, die mit gutem theologischem Grund die Doxologie am Ende als den Höhepunkt der Hochgebets hervorhebt. Es ist allerdings bisher wenig gelungen, den Gläubigen das Verständnis hierfür näher zu bringen. Die Stille und Verehrung bei der Wandlung ist wichtig und wird vor allem auf den Dörfern bis heute ehrfurchtsvoll gepflegt. Man sollte das nicht klein reden. In der Praxis ist es auch nicht einfach, einen besonderen Akzent auf die Doxologie zu legen. Selbst wenn der Zelebrant musikalisch gut geschult ist, wirkt es dennoch störend, wenn verschiedene Blätter oder gar Bücher als Vorlagen zusätzlich auf dem Altar liegen. Die feierliche Vertiefung des „Amen" der Gemeinde lässt sich ohnedies nur mit Chor stilvoll ins Werk setzen.

Zur Kommunionfeier in der Messe

Ich möchte an dieser Stelle ein Herzensanliegen nennen: Die Gesten, die Bildworte und Zeichen innerhalb der Kommunionfeier der Messe sind so vielfältig, dass die Gläubigen sie in ihrer Fülle kaum nachvollziehen können. Vergegenwärtigen wir uns die Vielfalt:

- das Vater-unser mit den sieben Bitten
- der Embolismus mit der Bitte um Erlösung von allem Bösen
- die Bitte um den Frieden und der Friedensgruß
- das Brechen des hl. Brotes
- der Ruf bzw. der Gesang vom „Lamm Gottes"
- das Gebet vor dem Kommunionempfang, das uns demütig zum Hinzutreten einlädt: Herr, ich bin nicht würdig ..."
- die Austeilung der hl. Eucharistie

Vor allem bei Kindergottesdiensten stand ich oft ratlos vor dieser Themenfülle. Es schien mir unmöglich, diese sieben Themen den Kindern verständlich zu machen. In meinen Augen wäre es wahrhaft ein Segen, wenn durch die Römische Liturgiekommission eine „Entzerrung" dieser Themenvielfalt in die Wege geleitet würde. Ich weiß, wie aussichtslos dieser Wunsch ist; wage es aber dennoch, dafür ein wenig zu werben.

Bei der bisherigen Praxis stoßen sich vor allem die Einladung zum Friedensgruß, was eine Hinwendung zum Nachbarn, zum Mitmenschen einschließt und danach die Hinwendung und Achtung vor dem Sakrament am Altar. Der Friedensgruß ist für Kinder wichtig, leicht verständlich und wird auch gerne angenommen. Doch unmittelbar danach muss ich als Zelebrant einladen, das „Brechen des heiligen Brotes" zu verfolgen und dieses schöne und dreifache Zeichen a) des Teilens, b) des Brechens = der Hingabe und schließlich c) der Teilhabe am Leib Jesu Christi still im Glauben aufzunehmen. Gerade im Rahmen der Erstkommunionfeier war mir dies immer wichtig! Doch wie gesagt: Die darin verborgenen Gedankensprünge überfordern die Kinder. Ich vermute auch viele Erwachsene.

Zu beachten ist ferner, dass der Ruf des „Lamm Gottes" weitere schöne und tiefgehende theologische Gedanken und Bilder einschließt. Natürlich haben diese Gedanken schon von den Texten des Neuen Testaments her große Bedeutung. „Lamm Gottes" will besagen: Der Herr gibt sich für uns hin, er nimmt die Schuld der Welt auf sich. Auch die zweite Deutung hat Gewicht: Lamm bedeutet aramäisch Diener oder Knecht. Jesus hat sich zu unserem Diener gemacht, er hat sich selbst erniedrigt und sein Leben für uns hingegeben. Doch es bleibt die Frage: Wie bringe ich diese wunderschönen Gedanken zu den Mitfeiernden?

Wie gesagt: Ich plädiere aus tiefstem Herzen für eine thematische Entzerrung. Meine Änderungsvorschläge würden etwa lauten:

Sollte der Friedensgruß nicht besser an den Anfang, d.h. im Anschluss an das Schuldbekenntnis und die Vergebungsbitte gelegt werden? Denkbar wäre auch eine Verlegung vor die Gabenprozession gemäß dem Wort Jesu „Wenn du deine Gabe zum Altar bringst und dir dabei einfällt, dass dein Bruder etwas gegen dich hat, so lass deine Gabe dort vor dem Altar liegen. Geh und versöhne dich zuerst mit deinem Bruder. Dann komm und opfere deine Gabe!" (Mt 5, 23-24)

Die beiden anderen Schwerpunkte, d.h. das Brechen des Brotes und der Ruf des „Lamm Gottes" können neben einander verbleiben. Man sollte freilich dem Zelebranten die Freiheit einräumen, einmal das Brechen des hl. Brotes hervorzuheben, ein andermal das Wort vom „Lamm Gottes".

Was den Gesang des „Agnus Dei" anbelangt, so bedaure ich, dass in den allermeisten Kirchen nur eine geringe Auswahl an entsprechenden Liedern oder Versen gesungen wird. Ich möchte ermutigen, hier mehr Vielfalt einzubringen und nenne folgende Lieder:

„O heilger Leib des Herrn" (Augsburger Diözesananteil GL 849). Warum ist dieses Lied eigentlich aus dem Allgemeinteil des Gotteslobs verschwunden? (Im alten Gotteslob fand es sich unter der Nr. 538). In diesem Lied finden sich wunderschöne Gedanken zum Osterlamm, zum Brot des Lebens, zum göttlichen Hirten. Doch es eignen sich ebenso „O heilge Seelenspeise" (GL 213) „Beim letzten Abendmahle" (GL 282), „Jesus, du bist hier zugegen" (GL 366) „Jesus Christus, guter Hirte" (GL 492), „Das Heil der Welt, Herr Jesus Christ" (GL 498) oder „O Jesu, all mein Leben bist du" (GL 377). Übrigens: Noch einige weitere gut geeignete Lieder sind aus dem alten Gotteslob nicht übernommen worden. Schade!

Was das Brechen und Zeigen der hl. Hostie betrifft, schließe ich mich ganz den Vorschlägen von Pfarrer Rupert Berger an, der auch ein hervorragender Liturgiker ist. Er betonte, der Priester soll die Hostie möglichst sichtbar vor den Leuten brechen. Er empfiehlt, nicht nur die 7 cm-Hostien zu verwenden, sondern etwas größere, die von den Leuten besser gesehen werden. Auch das Einsenken eines kleinen Restteils der Hostie in den Kelch sollten alle Teilnehmer wahrnehmen können. Gleichfalls wichtig war ihm, dass der Priester zum „Sehet das Lamm Gottes" einen gebrochenen Teil der Hostie hochhält und nicht die einzelnen Teile beim Hochheben wieder zusammenfügt – Pfarrer Berger nannte diese „die zwei Mondhälften". Nein, die Liturgie kennt zurecht den Ritus des Brotbrechens. Dann entspricht es auch der Symbolik, nur das eine gebrochene Stück Brot hochzuhalten. Außerdem fügt es sich viel besser, wenn der Zelebrant nur 1 Stück der gebrochenen Hostie selbst konsumiert, die weiteren Stücke jedoch an die Mitfeiernden austeilt. Ich staune, wie viele Geistliche immer noch an der alten Idee festhalten, die Zelebrantenhostie gehöre dem Priester allein. Er habe gleichsam ein „Recht" auf die größere Hostie als die Gläubigen. Wie engstirnig! Nein, die ganze Gemeinde hat teil am Priestertum Jesu Christi. Alle empfangen den Leib des Herrn – ganz und ungeteilt. Das Verständnis des hl. Sakraments an der äußeren Form der Hostie festzumachen, ist „Kleinglaube".

Im Hinblick auf die Austeilung der hl. Kommunion ist es nicht nur sinnvoll, sondern bei größeren Gemeinden notwendig, Helfer einzusetzen. Bewährt hat sich die Praxis, dass die Helfer schon zum Vater-unser oder spätestens zum Friedensgruß bzw. Lamm Gottes an den Altar treten. Es empfiehlt sich auch, dass einer der Kommunionhelfer zusätzliche Hostien aus dem Tabernakel holt. So braucht der

Zelebrant den Altar mit den Gaben der Eucharistie nicht verlassen. Ich habe es auch immer so gehalten, dass ich den Kommunionhelfern als erstes die Hostie und danach den Kelch gereicht habe. Die Regelung, dass der Zelebrant als erstes den Leib und das Blut Christi empfangen muss und danach diese erst den Gläubigen weiterreichen soll, halte ich für kleinkariert und theologisch wenig fundiert.

Die nicht enden wollende Debatte, ob Hand- oder Mundkommunion angemessen ist, stilisieren leider immer noch viel zu viele Personen zu einer Frage der „Rechtgläubigkeit" hoch. Sogar hochgestellte Vertreter der Römischen Kurie melden sich in dieser Frage immer wieder zu Wort – oft wenig glücklich. Ich halte es da mit der Empfehlung eines von mir geschätzten Pfarrers, der schon Ende der 60er-Jahre den Leuten erklärte: „Jeder soll bei sich selbst überlegen, ob er mehr mit der Zunge oder mehr mit der Hand sündigt!" Ja, es versteht sich, der ganze Mensch ist nicht würdig, den Leib des Herrn zu empfangen. Doch Christus hat sich in die Hände der Sünder begeben.

Es versteht sich, dass die Reinigung von Hostienschale und Kelch so dezent wie möglich vonstatten gehen soll. Es muss nicht vor allen Augen am Volksaltar erfolgen. Besser geschieht es am Gabentisch. Warum nicht auch durch einen Lektor oder einen erfahrenen Ministranten?

Abschluss des Gottesdienstes

Ich persönlich habe es immer für gut befunden, wenn nach dem Schlussgebet der Messe noch ein paar freundliche Worte, eventuell mit ein paar wichtigen Informationen an die Gemeinde gesprochen werden. Ich weiß freilich, wie heftig diese Praxis in den einzelnen Pfarrgemeinden diskutiert wird. Doch ein freundlicher Gruß zum Abschied: Das kann nie schaden!

Die Praxis, dass ein Priester am Ende des Gottesdienstes am Portal die Besucher verabschiedet macht Sinn. In evangelischen Gemeinden ist dies feste Praxis. Der lebendige Kontakt des Seelsorgers zur Gemeinde ist wichtiger, als viele meinen. Ich gebe zu, ich habe dies leider selbst zu selten gehandhabt.

Rückblickend möchte ich noch einmal betonen: Die Erarbeitung des neuen lateinischen Messbuchs war ein wichtiger und gelungener Meilenstein in der Öffnung der liturgischen Feier für die ganze Gemeinde: d.h. für die Gemeinschaft aller Getauften als Träger des königlichen Priestertums, als heiliges Volk Gottes gerufen und auserwählt, zusammen mit dem Priester das Gedächtnismahl der Herrn zu feiern. Die erneuerte Liturgie bringt dies viel besser zum Ausdruck, als es gemäß dem alten Messbuch möglich war. Ich möchte auch denen, die das Messbuch Papst Pius V. in Ehren halten und weiter praktizieren wollen vor Augen stellen, dass sich überall Schwächen und Mängel finden. Papst Benedikt XVI. hat dies schmerzlich erfahren müssen, als er den alten Messritus dem auf Tradition bedachten Kreis wieder erlaubte, und in Folge danach jüdische Vertreter auf die Barrikaden stiegen. Um das „Dramatische" zu verdeutlichen, zitiere ich aus der Übersetzung des Schottmessbuchs von 1956 den entsprechenden Passus der Karfreitagsfürbitte:

„Lasst uns auch beten für die ungläubigen Juden: Gott, unser Herr, möge den Schleier von ihren Herzen wegnehmen, auf dass auch sie unsern Herrn Jesus Christus erkennen. –

Allmächtiger, ewiger Gott, Du schließest sogar die ungläubigen Juden von Deiner Erbarmung nicht aus; erhöre unsere Gebete, die wir ob der Verblendung jenes Volkes vor Dich bringen: mögen sie das Licht Deiner Wahrheit, das Christus ist, erkennen und ihrer Finsternis entrissen werden. Durch Ihn, unsern Herrn."

Kaum beschwert haben sich – erstaunlicher Weise – die Vertreter der protestantischen Kirchen, denn der sie betreffende Fürbitttext „schleudert" auch ihnen massive Vorwürfe entgegen. Es heißt dort:

„Lasset uns auch beten für die Irrgläubigen und Abtrünnigen: unser Gott und Herr möge sie allen Irrtümern entreißen und sie zur heiligen Mutter, der katholischen und apostolischen Kirche, zurückrufen. –

Allmächtiger, ewiger Gott, Du bist der Heiland aller und willst keinen verlorengehen lassen; schau auf die Seelen, die durch teuflischen Trug verführt sind; lass die Herzen der Irrenden wieder zur Einsicht kommen, dass sie alle Verkehrtheit des Irrglaubens ablegen und zur Einheit Deiner Wahrheit zurückkehren. Durch unseren Herrn. Amen."

Ich weiß nicht, ob Erzbischof Marcel Lefebvre diese Texte für richtig befinden würde. Er kann die Frage nicht mehr beantworten. Beide Fürbitttexte machen deutlich, welch gewaltige Entwicklung der ökumenische Dialog in der Nachkriegszeit genommen hat. Es versteht sich, auch liturgische Bücher müssen die Fortentwicklung aufgreifen. Auch sie brauchen Erneuerung.

Anmerkungen zum neuen Gotteslob

Als die Neufassung des Gotteslobs ins Auge gefasst wurde, musste die Zielsetzung lauten:
1. Es gilt die bisherige Ausgabe zu verbessern.
2. Das heißt alle jene Teile zu eliminieren, die in den Gemeinden kaum gesungen werden.
3. Es gilt gute neue Lieder aufzunehmen.
4. Wie bisher sollte das Gotteslob einen Grundstock des Glaubens- und Gebetslebens der Kirche widerspiegeln.
5. Es sollte vor allem den Pfarr-/ Gemeinden eine Hilfe bei den Gottesdiensten und Andachten sein.

Eine Beurteilung nach rund 7 Jahren lässt sich nicht in wenige Worte fassen. Die Gebetstexte sind großenteils neu, aber mit Bedacht formuliert. Die Bilder und Zeichnungen sprechen nur zum Teil an. Ich persönlich begrüße die Aufnahme neuer Lieder – nicht alle werden mir aber zustimmen. Ich habe nachfolgend versucht, alle Lieder – ohne die Kehrverse zu berücksichtigen – zusammenzustellen, die neu in den allgemeinen Teil aufgenommen wurden:

- GL 93 „Der Mond ist aufgegangen"
- GL 94 „Bleib bei uns Herr"
- GL 96 „Du lässt den Tag, o Gott, nun enden"
- GL 99 „Ich liege, Herr, in deiner Hut"
- GL 101 „Nun ruhen alle Wälder"
- GL 103 „Dieser Tag ist Christus eigen"
- GL 146 „Du rufst uns Herr, an deinen Tisch"
- GL 168/1+2 „Gloria"
- GL 169 „Gloria, Ehre sei Gott"
- GL 177 „Credo in unum Deum"
- GL 188 „Nimm, o Herr, die Gaben die wir bringen"
- GL 195 und GL 197 und GL 200 „Heilig"
- GL 202 und GL 206 „O du Lamm Gottes"
- GL 209 „Du teilst es aus mit deinen Händen"
- GL 224 „Maria durch ein Dornwald ging"
- GL 225 „Wir ziehen vor die Tore der Stadt"
- GL 228 „Tochter Zion"
- GL 233 „O Herr, wenn du kommst"
- GL 245 „Menschen, die ihr wart verloren"
- GL 248 „Ihr Kinderlein kommet"
- GL 250 „Engel auf den Feldern singen"
  (mit der soliden Textfassung von Maria Luise Thurmair)
- GL 261 „Stern über Betlehem"
- GL 262 „Seht ihr unsern Stern dort stehen"
- GL 270 „Kreuz, auf das ich schaue"
- GL 272 „Zeige uns Herr, deine Allmacht und Güte"
- GL 275 „Selig, wem Christus auf dem Weg begegnet"
- GL 283 „Aus der Tiefe rufe ich zu dir"
- GL 288 „Hört das Lied der finstern Nacht"
- GL 291 „Holz auf Jesu Schulter"
- GL 292 „Fürwahr, er trug unsre Krankheit"
- GL 299 „Der König siegt, sein Banner glänzt"

- GL 320 „Surrexit Dominus vere"
- GL 325 „Bleibe bei uns, du Wandrer durch die Zeit"
- GL 331 „Ist das der Leib, Herr Jesu Christ"
- GL 336 „Jesus lebt, mit ihm auch ich"
hierzu hätte ich mir freilich auch eine andere Alternativ-Melodie wie etwa von M. Eham gewünscht, passend vor allem beim Totengedenken.
- GL 338 „Jerusalem, du neue Stadt"
- GL 345 „Veni Sancte Spiritus"
- GL 346 „Atme in uns, Heiliger Geist"
- GL 359 „O selger Urgrund allen Seins"
- GL 360 „Macht weit die Pforten in der Welt"
- GL 362 „Jesus Christ, you are my life"
- GL 363 „Herr, nimm auch uns zum Tabor mit"
- GL 365 „Meine Hoffnung und meine Freude"
- GL 366 „Jesus Christus, guter Hirte"
- GL 370 „Christus, du Herrscher Himmels und der Erde"
- GL 371 „Herz Jesu, Gottes Opferbrand"
- GL 374 „Volk Gottes zünde Lichter an"
- GL 378 „Brot, das die Hoffnung nährt"
- GL 382 „Ein Danklied sei dem Herrn"
- GL 383 „Ich lobe meinen Gott, der aus der Tiefe mich holt"
- GL 384 „Hoch sei gepriesen unser Gott"
- GL 387 „Gott ist gegenwärtig. Lasset uns anbeten"
- GL 389 „Dass du mich einstimmen lässt in deinen Jubel"
- GL 390 „Magnificat (Kanon)
- GL 396 „Lobt froh den Herrn, ihr jugendlichen Chöre"
- GL 397 „All meine Quellen entspringen in dir."
- GL 399 „Gott loben in der Stille"
- GL 400 „Ich lobe meinen Gott von ganzem Herzen"
- GL 407 „Te Deum laudamus" (Kanon)
- GL 412 „Die Herrlichkeit des Herrn bleibe ewiglich"
- GL 417 „Stimme, die Stein zerbricht"

- GL 418 „Befiehl du deine Wege"
- GL 419 „Tief im Schoß meiner Mutter gewoben"
- GL 430 „Von guten Mächten treu und still umgeben"
- GL 434 „Noch ehe die Sonne am Himmel stand"
- GL 436 „Ach bleib mit deiner Gnade bei uns, Herr Jesu Christ"
- GL 437 „Meine engen Grenzen"
- GL 438 „Wir, an Babels fremden Ufern"
- GL 439 „Erhör, o Gott, mein Flehen"
- GL 446 „Lass uns in deinem Namen, Herr"
- GL 449 „Herr, wir hören auf dein Wort"
- GL 451 „Komm, Herr, segne uns"
- GL 452 „Der Herr wird dich mit seiner Güte segnen"
- GL 453 „Bewahre uns, Gott, behüte uns, Gott.
- GL 456 „Herr, du bist mein Leben, Herr, du bist mein Weg"
- GL 457 „Suchen und fragen, hoffen und sehn"
- GL 458 „Selig seid ihr, wenn ihr einfach lebt"
- GL 462 „Tanzen, ja tanzen wollen wir!
- GL 463 „Wenn ich, o Schöpfer, deine Macht"
- GL 465 „Das Jahr steht auf der Höhe"
- GL 466 „Herr, dich loben die Geschöpfe"
- GL 468 „Gott gab uns Atem, damit wir leben"
- GL 469 „Der Erde Schöpfer und ihr Herr"
- GL 470 „Wenn das Brot, das wir teilen"
- GL 472 „Manchmal feiern wir mitten im Tag"
- GL 474 „Wenn wir das Leben teilen, wie das täglich Brot"
- GL 482 „Die Kirche steht gegründet allein auf Jesus Christ"
- GL 483 „Halleluja, Halleluja ... „
- GL 488 „Die ihr auf Christus getauft seid"
- GL 490 „Segne dieses Kind" (neue Melodie)
- GL 492 „Jesus, du bist hier zugegen"
- GL 499 „Gott, der nach seinem Bilde" (neue Melodie)
- GL 500 „Nun lässest du, o Herr"

- GL 502 „Näher, mein Gott, zu dir"
- GL 504 „Vater im Himmel, höre unser Klagen" (neuer Text)
- GL 506 „Gott, wir vertraun dir diesen Menschen an."
- GL 508 „Herr, lehre uns, dass wir sterben müssen"
- GL 509 „Nun sich das Herz von allem löste"
- GL 510 „O Welt, ich muss dich lassen" (neuer Text)
- GL 522 „Maria aufgenommen ist" (neue Melodie)
- GL 528 „Ein Bote kommt, der Heil verheißt"
- GL 535 „Segne du, Maria"
- GL 539 „Gott, aller Schöpfung heilger Herr"
- GL 544 „Halleluja. Selig, die arm sind vor Gott"
- GL 545 „Sankt Martin .."
- GL 546 „Christus, du Licht vom wahren Licht"
- GL 547 „Du, Herr, hast sie für dich erwählt"
- GL 548 „Für alle Heilgen in der Herrlichkeit"
- GL 549 „Es wird sein in den letzten Tagen"
- GL 552 „Herr, mach uns stark im Mut, der dich bekennt"
- GL 553 „Jerusalem, du hochgebaute Stadt"
- GL 568 „Mutter Gottes, wir rufen zu dir" (Grüssauer Marienrufe)
- GL 615 „Du Licht des Himmels, großer Gott"
- GL 621 „Hört, eine helle Stimme ruft"
- GL 638 „Nun ist sie da, die rechte Zeit"
- GL 642 „Zum Mahl des Lammes schreiten wir"
- GL 648 „Du große Herrin, schönste Frau"
- GL 656 „Tod und Vergehen waltet in allem"

Niemand wird behaupten können, der Arbeitsgruppe für das neue Gotteslob habe es an Mut zur Neuerung gefehlt. Im Gegenteil: Wenn ich richtig gezählt habe, komme ich auf 119 neu aufgenommene Lieder, bei insgesamt 370! Eine große Anzahl, fast ein Drittel! Das Bemühen um Neuerung ist unverkennbar. Viele Lieder wurden aus Diözesanteilen übernommen: ein richtiger Weg. Gewiss werden sich nicht alle Lieder durchsetzen. Es sind auch fast zu viele. Jede Pfarrgemeinde kann bei sich prüfen, wie viel vom neuen Liedgut bei ihnen aufgenommen wurde – jetzt nach 7 Jahren. Man bedenke auch: Eine Pfarrgemeinde kann nicht jeden Sonntag ein neues Lied lernen.

Aus meiner Sicht hätte man auch etwas kritischer auf die Texte der Lieder schauen sollen. Man mag aus historischen Gründen für richtig halten, alte Lieder mit den Originaltexten abzudrucken. Doch: Musste man bei GL 145 etwa noch die 4. Strophe mit aufnehmen? Nicht glücklich sind die Texte der Lieder GL 147, GL 170 – was schon oft diskutiert wurde – ferner GL 331, GL 360, GL 369, GL 371, GL 533 mit den Strophen 2,4 und 5. Dazu müsste man auch so manches Lied zählen, das mit Rücksicht auf die Ökumene aufgenommen wurde. Ich persönlich bin ein Befürworter von mehr rhythmisch akzentuierten Liedern. Ich nenne als Beispiel GL 355. Mir hat die Fassung im alten Gotteslob mehr behagt. Mit etwas Rhythmik lässt sich ein Lied flotter singen.

Ich möchte zusätzlich ein paar Lieder aufführen, die ich im alten Gotteslob sehr geschätzt habe und die mir nun fehlen.

- altes GL 109 „Aus hartem Weh die Menschheit klagt"
- altes GL 113 „Mit Ernst, o Menschenkinder"
- altes GL 147 „Sieh, dein Licht will kommen"
- altes GL 170 „Lehre uns, Herr, deinen Willen zu tun."
- altes GL 217 „Weihet dem Osterlamm" (Ostersequenz)
  ich habe mit dem Kehrvers (am Ende angeführt) begonnen und diesen jeweils eingeschoben
- altes GL 260 „Singet Lob unserm Gott, der in den Himmeln thront"
- altes GL 277 „Singet, danket unserm Gott"
- altes GL 281 „Danket dem Herrn, denn er ist gut. Halleluja"
- altes GL 456 „Ehre dir, Gott, im heilgen Thron"
- altes GL 505 „Du hast uns Herr gerufen"

- altes GL 538 „O heilger Leib des Herrn"
- altes GL 540 „Sei gelobt, Herr Jesus Christ"
- altes GL 533 „Du König auf dem Kreuzesthron"
- altes GL 568 „Komm, Herr Jesu, komm, führ die Welt zum Ende. *oder alternativ altes GL 565*
- altes GL 593 „Königin im Himmelreich"
- altes GL 610 „Gelobt sei Gott in aller Welt, gelobt durch die zwölf Zeugen"
- altes GL 611 „In Jubel, Herr, wir dich erheben"
- altes GL 612 „Herr, sei gelobt durch deinen Knecht"
- altes GL 662 „Den Menschen, die aus dieser Zeit im Glauben sind geschieden"
- altes GL 666 „All Morgen ist ganz frisch und neu"
- altes GL 706 „Dich Gott loben wir"
- *ich bedauere sehr, dass der Text des Te Deum nur verteilt abgedruckt ist.*

Das neue Gotteslob kann leider den Bedarf an Liedern für Begräbnisgottesdienste nicht so recht erfüllen. Für mich ist unverständlich, warum nicht aufgenommen wurde „Lasst uns den Herrn erheben und vor sein Antlitz ziehn". (Münchner Gotteslob Nr. 815). Ein Seelsorger oder Organist muss Rücksicht nehmen auf das Empfinden und die Gefühle der Trauernden. Insofern eignen sich für eine Begräbnisfeier weniger: GL 502, GL 507 oder GL 510. Auf eine bessere Melodie für GL 336 habe ich bereits weiter oben hingewiesen. Ich bitte auch zu bedenken: Die Trauergemeinde ist mit Kirchenliedern oft wenig vertraut. Lieder, die textlich passen, jedoch in der Melodie wenig eingängig sind, können in vielen Fällen nicht eingesetzt werden.

Unter den Marienliedern vermisse ich am meisten den Lobgesang, den vor über 50 Jahren der Münchner Domkapellmeister Max Eham gemäß dem altbekannten Lied „Wunderschön Prächtige, Hohe und Mächtige" verfasst hat. Überhaupt bedauere ich – als ehemaliger Orgelschüler und Chorsänger – dass Max Eham, der fast 50 Jahre als Domkapellmeister in Freising und München Kirchenmusikgeschichte geschrieben hat, im Gotteslob nicht in Erscheinung tritt. Das von ihm verfasste Marienlied hat den Text:

„Gruß dir, du Heilige, allzeit Jungfräuliche, die ohne Sünde trat in diese Welt … " (vgl. Münchner Diözesananhang GL 823) Der Text ist rhetorisch und theologisch klug und geschickt abgefasst. Max Eham hat dazu Orgel-, Chor- und Trompetensätze komponiert. Dieses Lied hat es nicht verdient, in den Schubladen der Musikkommissionen zu verschwinden.

Ich vermisse auch sehr ein Lied zur Verehrung des hl. Kreuzes, das sich im alten Münchner Gotteslob fand, inzwischen leider auch dort „ausgemerzt" wurde. „Des Königs Zeichen tritt hervor, es strahlt des Kreuzes heilge Macht."

(Münchner Gotteslobanhang von 1975 Nr. 836)

Von Max Eham stammt übrigens ein für die Karwoche sehr geeigneter Heilig-Kreuz-Ruf „Preiset nun mit froher Zunge, diesen ruhmesreichen Kampf" (Text und Melodie von Max Eham, es gibt dazu auch einen Chorsatz). Auch dieser Gesang wäre es wert, im liturgischen Bereich des deutschen Sprachraums Verwendung zu finden.

Beim Studium des neuen Gotteslob habe ich ferner eine Reihe geläufiger Kehrverse vermisst. Da mag man freilich unendlich diskutieren, welcher Vers und welche Melodie am besten passt. Ich nenne jedoch ein paar, die mir einfach fehlen. Ich frage mich: Warum?

- altes GL 85,1 „Ewiges Leben schenke ihnen, o Herr"
- altes GL 86 „Ich bin die Auferstehung und das Leben"
- altes GL 89 „Der Herr schenkt seinem Volk den Frieden"
- altes GL 118,5 „Freut euch allezeit: Wir ziehn dem Herrn entgegen"
- altes GL 119,1 „Hebt euch ihr Tore, unser König kommt"
- altes GL 120,2 „Kommt, lasst uns danken unserm Herrn, dem König, der da kommen wird."

- altes GL 171,1 „Ich ruf dich an, Herr Gott, erhöre mich"
- altes GL 172,5 „Beim Herrn ist die Huld, bei ihm Erlösung in Fülle"
- altes GL 173,1 „Lob sei dir, Herr, König der ewigen Herrlichkeit"
- altes GL 174 „Jesus Christus ist der Herr zur Ehre Gottes des Vaters"
- altes GL 192 „Durch seine Wunden sind wir geheilt"
- *Frage: Warum wurden gerade diese beiden zuletzt genannten, sehr gängigen Melodien und Texte gestrichen bzw. abgeändert?*
(altes GL 174 und 192)
- altes GL 477 „Preiset den Herrn zu aller Zeit, denn er ist gut"
- altes GL 587 „In Gott, meinem Heiland, jubelt mein Geist"
- altes GL 603 „Der Herr hat Großes an dir getan; alle Völker preisen dich selig"
- altes GL 627,3 „Die Freude an Gott, Halleluja, ist unsere Kraft. Halleluja"
- altes GL 629,1 „Deine Heiligen krönst du mit Ehre und Herrlichkeit"
- altes GL 677 „Preist den dreifaltigen Gott ..." mit Canticum
- altes GL 678 „Alles, was atmet, lobe den Herrn" mit Psalm
- altes GL 684,1 „Jesus Christus, du bist Priester auf ewig"
- altes GL 686 „Amen, Halleluja" mit Canticum
- altes GL 732 „Die Völker sollen dir danken, o Gott" mit Psalm

Man mag darüber schmunzeln, man mag dazu heftig den Kopf schütteln, wenn man einmal den Kehrvers „Dein Erbarmen, o Herr, will ich in Ewigkeit preisen" (altes GL 527,2; neues GL 657,3) vergleicht. Die Änderung betrifft als einziges den letzten Ton. In der Neufassung wollte man wohl eher die alten Kirchentonarten imitieren. Wollte man die Änderung dadurch noch hervorheben, dass man den Namen des Komponisten eigens anführte?

Für eine Gesamtbeurteilung der Neuausgabe des Gotteslobs muss der Arbeitskommission große Anerkennung ausgesprochen werden. Sie hat ein immenses Werk vollbracht und viel Mut bewiesen, wie ich oben darlegte. Die Beteiligten haben sich um eine vielfältige Erneuerung sowohl im Bereich der Gebetstexte wie der Gesänge gemüht, haben vielfach Neues gewagt und wollten – auch das lässt sich gut feststellen – möglichst vielen Wünschen gerecht zu werden.

Es sei mir als einfacher Pfarrer erlaubt festzuhalten, dass ich den Verlust mancher Lieder bedauere. Wie oben erwähnt, tut es mir ehrlich leid, dass eine Reihe gängiger, leicht singbarer Kehrverse gestrichen wurden. Ich bedaure: Hier wurde etwas zu umfangreich „ausgegrast" und viel Gutes und Brauchbares in die „Ablage" gelegt.

Mir persönlich – und ich sage dies aus meiner Erfahrung in den Gemeinden – war es am Beginn des ganzen Unterfangens ein Anliegen, das Gotteslob möglichst schlank und bündig zu halten, einmal um einen günstigen Preis auf dem Markt zu erzielen, damit es von möglichst vielen erworben wird. Zum anderen um es leicht und bequem mit sich führen zu können – etwa in der Manteltasche. Ich halte es für wichtig, das Gotteslob nicht nur in den Kirchen auszulegen. Es sollte einen Platz in jedem katholischen Haushalt, ja möglichst bei jedem Katholiken haben. Wie gut, wenn ein Kind oder ein junger Mensch in einer stillen Stunde zuhause darin blättert. Das nützt vielleicht mehr als manche Religionsstunde.

Insofern hätte ich begrüßt: Ein eher knapp bemessenes Gotteslob mit einem „Grundstock" an Gebeten, Texten und Gesängen. Es sollte alles umfassen, was in den meisten Kirchen, Kapellen ausreicht, um das gewohnte Gottesdienstleben zu unterstützen. Es wäre auch schön gewesen, wenn diese Ausgabe einheitlich für den gesamten deutschsprachigen Raum erschienen wäre. Ist das nur eine Phantasievorstellung?

Insofern lässt sich an der neuen Ausgabe kritisieren: Es braucht in der Allgemein-Ausgabe des Gotteslobs keine 80 Psalmen, nicht 4 lateinische Choralordinarien. Eine Reihe von Liedern sind für den größten Teil der Kirchengemeinden zu schwer und werden deshalb nicht oder kaum gesungen. Wie gesagt: Auch diese neue Ausgabe des Gotteslobs ließe sich „verschlanken".

Als zweites habe ich immer vorgeschlagen, dass im Auftrag der Bischöfe ein religiöses Kinderliederbuch publiziert wird. Ich selbst war in vier verschiedenen Gemeinden Pfarrer. Überall tauchte die Frage auf, wo finden wir passende, auch textlich solide formulierte Kinderlieder. Unendlich viel Zeit und Mühe wurde darauf verwendet, Liedblätter zu erstellen und zu vervielfältigen. Wohlgemerkt, es ist nicht meine Absicht, alle die unterschiedlichen Publikationen zu verdrängen, die auf dem Markt sind. Dennoch verspreche ich mir eine wichtige Unterstützung für die vielen kleinen und großen Gemeinden, wenn eine gemeinsame Ausgabe an Liedern für Kindergottesdienste angeboten würde. Viele aktive Leute, die Gebete und Gottesdienste mit Kindern organisieren, die immerzu nach geeigneten Liedern und Notenblätter ausschauen, könnten auf diese Weise Ermutigung erfahren und wichtige Hilfen bekommen. Es lässt sich nicht leugnen: Manche Kinderliederbücher sind gut, haben aber ihre Einseitigkeiten. Vielen fehlt es an Liedern zur Gabenbereitung, zum Sanctus oder zur hl. Kommunion. Viele Liederbücher nehmen zu viel die Festzeiten des Jahres in den Blick, zu wenig den Alltag. Ich plädiere nachdrücklich für ein gebündeltes Bemühen der verschiedenen liturgischen Institute und Einrichtungen, solch ein gemeinsames Buch zu publizieren. Ich bin überzeugt, diese Anstrengung würde sich lohnen und könnte ein sehr gutes Ergebnis bringen, das die Bemühungen vor Ort fördert.

Gleiches gilt für ein religiöses Jugendliederbuch. Mir wurde oft entgegen gehalten: Es gibt ja schon 50 und mehr Jugendliederbücher auf dem Markt. Doch die Praxis zeigt, das hilft den Aktiven in den Gemeinden nur bedingt. So werden landauf landab unzählig viele Songs und Lieder kopiert, an die Leute ausgeteilt und wieder zu Altpapier gemacht. Es wäre doch sinnvoll, im Namen der Bischöfe mit Hilfe der verschiedenen Jugendstellen ein Liederbuch für die Jugend zu erarbeiten, das solide ausgestaltet ist, gute brauchbare Texte aufweist und auch dem liturgischen Zweck dient – z.B. mit Liedern zum Gloria, zum Sanctus, zum Agnus Dei, zur Kommunion. Da es in großer Auflage gedruckt wird, lässt sich der Preis reduzieren. Jede größere Gemeinde könnte 100 oder mehr Exemplare erwerben und bei Gelegenheit zum Einsatz bringen. Der Einwand, der Geschmack und die Vorlieben ändern sich rasant, ist richtig. Doch es versteht sich: Man wird eben nach 10 oder 20 Jahren eine Neufassung planen. Doch das ist machbar!

Ähnliches gilt in meinen Augen auch für die Praxis des Stundengebets in den Pfarrgemeinden. Man muss sich der Realität stellen. In vielen kleinen Gemeinden wird das kirchliche Stundengebet kaum gepflegt. Es ist auch nicht unbedingt nötig. Wichtig bleibt, dass dort das Wort Gottes verkündigt wird, dass die Menschen sich zum Gebet versammeln, und dass es einen Ort gibt, wo ich meine Anliegen vor Gott bringen kann. Dort hat die Allgemein-Ausgabe des Gotteslobs seinen Platz. Dennoch plädiere ich für die Veröffentlichung eines eigenen Stundengebetbuchs für Pfarrgemeinden, das sich natürlich von denen der Klöster unterscheidet. Ich plädiere für mehr Vielfalt in der Melodieführung. Wir kennen heute ja viele Formen des Psalmodierens. Zu allen wichtigen Festkreisen des Jahres sollen sich dort Laudes und Vesper finden. Überall, wo die Gemeinden Wert darauf legen, am Stundengebet der Kirche teilzunehmen, werden diese Bücher dann angeschafft und verwendet. Auf diese Weise könnte man die Praxis des kirchlichen Stundengebets in den Gemeinden fördern!

Gleiches gilt für alle Gemeinden, die sich um eine würdige Gestaltung von Andachten mühen. Wer in der Seelsorge steht, weiß, wie mühevoll es ist, Andachten zusammenzustellen, sei es in der Fastenzeit oder Osterzeit, sei es zu Ehren der Mutter Gottes oder anderer Heiliger oder einfach während des Jahres. Hilfen und Veröffentlichungen in dieser Richtung gibt es zuhauf. Doch nicht immer sind diese Publikationen für die Gemeinden geeignet. Vieles lässt sich für die Einzelperson verwenden, eignet sich aber weniger für größere Gruppen oder Gemeinden. Ich selbst habe in rund 30 Jahren als verantwortlicher Pfarrseelsorger gut 1000 Marienandachten gehalten. Es stellte sich schnell heraus. Die Ausgabe des Gotteslobs – gleich ob die alte oder die neue Form – reicht nicht aus. Ich war bemüht, diese Andachten möglichst vielfältig, aber immer theologisch solide und ausgewogen zu gestalten. Eine große Hilfe war mir übrigens dabei das Büchlein „Marienandachten" des Bistums Eichstätt. Man merkt, hier waren echte „Praktiker" am Werk.

Die gegenwärtige Ausgabe des Gotteslobs legt Wert darauf, die Andachten vorwiegend nach Art der Litaneien zu gestalten; das heißt, die meisten Texte werden vom Lektor oder Leiter vorgetragen. Die Gemeinde antwortet in kurzen Versen, die sich wiederholen. Diese Form hat sicher ihren Wert. Die Praxis der Litaneien fortzuführen, wie sie auch im neuen Gotteslob vorgeschlagen werden, ist gut. Ich zweifle jedoch, ob diese „Engführung" in Form der Litaneien bei den Andachten nötig ist. Ich habe jedenfalls durch viele Gespräche erfahren, dass die Teilnehmer es begrüßen, wenn sie schriftliche Texte vor sich sehen und selbst gemeinsam lesen und sprechen dürfen. Die Andachten im alten Gotteslob bzw. in den noch älteren Gebetbüchern der verschiedenen Diözesen waren gar nicht so schlecht. Sie brauchen eine „theologische Auffrischung", gewiss. Und – sie wurden und werden von großen Teilen unserer katholischen Bevölkerung gerne angenommen.

Aus all dem Gesagten ergibt sich freilich eine wichtige Konsequenz: Die Grundausgabe des Gotteslobs kann all diese verschiedenen Bedürfnisse nicht erfüllen. Es braucht den Grundstock, der in jeder Kirche vorliegt, wie ich schon oben erklärt habe. Ich plädiere also für ergänzende Ausgaben von Lied- und Andachtsheften zu den verschiedenen Anlässen wie Kinder-, Jugendgottesdienste, Stundengebet und Andachten. Ein gesammeltes, gebündeltes Unterfangen aller deutschsprachigen Diözesen würde ein bestmögliches Ergebnis erzielen. Natürlich braucht es dabei auch immer wieder Ergänzungen bzw. Neuauflagen. Das bringt eben das Leben mit sich. Doch solches Unterfangen würde das liturgische Leben in den Gemeinden fördern und viele Arbeitskreise ermutigen, sich für Kinder- und Jugendgottesdienste, für Andachten und Stundengebet zu engagieren. Diese zusätzlichen Ausgaben müssen freilich nicht in jeder kleinen Kirche oder Kapelle vorrätig sein. Es genügt, wenn sie in jeder Pfarreiengemeinschaft in der notwendigen Anzahl vorliegen und bei Bedarf abgeholt werden.

Ich habe ausführlich zum Neuen Gotteslob Stellung genommen, ganz einfach weil ein Pfarrer dieses Buch täglich zur Hand nimmt und zu unzähligen Gottesdiensten oder Andachten einsetzt. Es ist praktisch neben dem Messbuch und Lektionar sein wichtigstes „Werkzeug". Daraus erklärt sich, wenn ich dabei auf manches Detail aufmerksam mache, was im Grunde nur Kirchenmusiker oder eben Seelsorger interessieren dürfte.

7. Pfarrei und Schule

Zurück zum seelsorglichen Alltag. Fehlt da nicht etwas Wichtiges? Geht denn der Pfarrer nicht in die Schule? Ja doch, Schule und Pfarrei sind wichtige Partner, freilich auch ungleiche Partner. Viele Gemeindemitglieder, die sich in diesen Fragen zu Wort melden, gehen noch von uralten, weit überholten Vorstellungen aus. Die einen erwähnen Zeiten, als der Pfarrer die Schulaufsicht führte. Diese Zeiten gab es zwar, doch sie liegen lange, lange zurück. Die anderen denken noch an eine kleine Dorfgemeinde mit einer kleinen Volksschule, höchsten zwei, oft nur eine Klasse, mit nur ein oder zwei Lehrern, und natürlich einem Pfarrer am Ort, der selbst den Religionsunterricht hielt und ein Auge darauf warf, ob im übrigen Unterricht gemäß christlicher Lebensorientierung unterwiesen wurde.

Heute liegen die Verhältnisse völlig anders. Kleine Dörfer haben längst keine eigene Schule – und auch keinen Seelsorger mehr am Ort. In Mittelzentren ballt sich einiges zusammen: Im Priener Pfarrverband z.B. (wohlgemerkt zu meiner aktiven Zeit) hatten wir 2 Grundschulen mit rund 500 Schülern, eine Mittelschule mit etwa 500 Schülern, eine Realschule mit ebenfalls ca. 500 Schülern, ein Gymnasium mit rund 1000 Schülern, eine Waldorfschule mit rund 400 Schülern und eine Förderschule mit ca. 200 Schülern. In einer Großstadt wie München sind Pfarrgebiet (Gebiet der Pfarreiengemeinschaft) und Schulsprengel oft grundverschieden. Mag die Grundschule noch halbwegs „wohnungsnah" liegen, so ist dies bei allen übrigen Schuleinrichtungen vielseitig gemischt. Das heißt: Wer in einer Grundschule unterrichtet, lernt Kinder aus mehreren Pfarrgemeinden kennen. Wer gar in eine weiterführende Schule einsteigt, hat mit Kindern oder Jugendlichen aus unterschiedlichsten Stadt- und Pfarreibezirken zu tun, was bedeutet, dass die Arbeit, die ein pastoraler Mitarbeiter in der Schule erledigt, und die Arbeit in der Pfarrei auf zwei völlig getrennten Schienen verlaufen. Ähnlich ergeht es einem Religionslehrer oder einer Religionslehrerin. Diese müssen – bei Vollbeschäftigung – ohnedies in den verschiedensten Klassen unterrichten, manchmal sogar an verschiedenen Schulen und haben folglich schon Schwierigkeiten, alle Schüler kennenzulernen. Sie tun sich schwer, ja es ist fast unmöglich, ihre Arbeit mit einer bestimmten Pfarrgemeinde zu verzahnen. Diese Entwicklung hat sich in den letzten Jahrzehnten sogar noch verstärkt.

Von daher ist die Frage berechtigt: Ist es notwendig, ist es sinnvoll, wenn der Pfarrer selbst oder wenn die pastoralen Mitarbeiter oder Mitarbeiterinnen auch Religionsunterricht erteilen? Und ebenso wichtig die Frage: In welchem Umfang soll dies geschehen? An diesen Fragen scheiden sich die Geister.

Vorneweg wage ich zu sagen: Wer ein Unterrichtspensum von zehn oder mehr Wochenstunden an einer Schule absolviert, der muss sein Engagement in der Pfarrei deutlich einschränken. Wenn ein Pfarrer für zwei oder drei Wochenstunden Religionsunterricht erteilt – also in einer Klasse, so hat er zwar „einen Fuß im Lehrerzimmer" und damit Kontakt zur Schule – wohlgemerkt natürlich nur zu einer einzigen Schule – doch richtig integriert ist er dort nicht. Manche Pfarrer wünschen, dass sie in der Klasse unterrichten, in der die Mehrzahl der Erstkommunikanten seiner Pfarrei sind. Doch das ist gar nicht so leicht zu bewerkstelligen.

Nun mag man etwas bestürzt festhalten: Aber vor rund 50 Jahren war es doch noch anders. Ich erinnere mich, in meiner Heimatgemeinde (Erding in Oberbayern) übernahmen der Pfarrer selbst und seine beiden Kapläne noch mehr als 40 Religionsstunden pro Woche. An der Mädchenschule unterrichteten Maria-Ward-Schwestern. Ferner unterrichtete ein Geistlicher katholische Religionslehre am örtlichen Gymnasium. Es gab freilich bereits für die Grund- und Hauptschule eine zusätzliche Religionslehrkraft. Ich weiß, dass dieses Pensum vor allem die Kapläne sehr belastet hat. Für sie standen nachmittags zusätzlich noch Beerdigungen oder Gruppenstunden auf dem Plan. Es kam auch immer wieder vor, dass eine Unterrichtsstunde ausfiel, weil plötzlich wegen eines dringenden Notfalls der Geistliche weggerufen wurde. Da galt es als selbstverständlich, dass der Klassenlehrer einsprang, was im Schulbereich zu mancher Verstimmung führte, vor allem wenn diese zusätzliche Belastung häufiger eintrat und den Klassenlehrern zuviel wurde.

Schon in den 60er-Jahren wurde erkennbar, wie Pfarrei und Schule sich mehr und mehr auseinander entwickelten. Der Schulbereich wurde immer umfangreicher. Die Erwartungen und Anforderungen an den Unterricht wurden anspruchsvoller und vielfältiger. Der Religionsunterricht wurde oftmals zu einem „Sonderfach", manchmal sprach man auch von einem „Auslaufmodell", das man gerne an die Randstunden oder noch lieber auf den Nachmittag verschoben hätte. Ab den 70er-Jahren mussten alle im Religionsunterricht tätigen Personen um ihre Wertschätzung im Kreis der Kollegen ringen. Immerzu wurde die Frage laut: Gehört Glaubensunterricht in die Schule oder nicht eher in den Raum der Kirche?

Erschwerend wirkte sich aus, dass die Religionszugehörigkeit sich mehr und mehr zersplitterte. Seit Ende des 2. Weltkriegs gab es praktisch überall evangelische und katholische Christen; bald auch eine relevante Zahl Konfessionsloser. Etwas später stießen orthodoxe Christen verschiedener Herkunft dazu und schließlich Muslime. Die Gestaltung des Stundenplans geriet zu einer „Quadratur des Kreises". Es brauchte für das Fach Religion zusätzliche Unterrichtsräume. Mancher Rektor raufte sich die Haare, allein schon, wenn der Name dieses Fachs fiel.

Dies sind strukturelle Fakten, die die Praxis des Religionsunterrichts zunehmend erschweren. Für einen jungen Kaplan freilich war die Situation deutlich komplexer. Ich begann meinen Dienst im Jahr 1972. Die Erteilung des Religionsunterrichts an der Grundschule war längst geregelt. Langjährige, gewiss auch verdiente Religionslehrerinnen hatten diesen Part belegt. Jungen Religionslehrern und eben auch jungen Kaplänen wies man die Hauptschulklassen zu. Alle wussten, dass es dort vielfach an Disziplin mangelt und man mit etlichen Problemschülern zurecht kommen muss. Es gab nur unvollständige Lehrpläne und kaum Bücher für den Religionsunterricht. Das Fazit für einen jungen Kaplan: Er muss bei der Vorbereitung meist „bei Null" anfangen.

Meine Voraussetzungen waren insofern schlecht, als ich im Rahmen meines Theologiestudiums in Rom viel zu wenig Ausbildung in praktischer Pädagogik geboten bekam. Angesichts meiner Hilflosigkeit erlebte ich so manches Chaos und kann vielleicht von Glück reden, wenn dabei kein Unglück geschah: keine Schlägerei zwischen Schülern, kein Bespucken, keine Gewalt gegen mich, keine gewaltsame Zerstörung von Mobiliar. Besonders gravierend waren die Verhältnisse in den 8. oder 9. Klassen, besonders wenn der Unterricht in den späten Vormittag fiel. In meiner Not versuchte ich mich bei Kollegen umzuhören. Doch irgendwie hatte ich den Eindruck, es geht allen ähnlich. Auch die staatlichen Lehrkräfte taten sich schwer. Um die Gesamtproblematik vor Augen zu führen, möchte ich von ein paar „dramatischen" Momente aus den 70er-Jahren berichten.

Zum einen waren wir – Lehrer wie Seelsorger – uns zu wenig bewusst, aus welch schwierigen Familien die Jugendlichen stammten. Ein 14-jähriger wurde einmal vom Kaplan spät am Abend nach Hause gebracht, weil er zuviel getrunken hatte. Er klingelte an der Wohnungstür. Plötzlich ging die Tür auf. Eine kräftige Hand packte den Jungen, zog ihn in die Wohnung und knallte die Tür zu. Draußen konnte der Kaplan nur noch hören, wie kräftige Schläge auf den Jungen niederprasselten.

Ein anderer Mitbruder berichtete: Er habe einen Schüler in der 9. Klasse, den er beim Studium eines Arbeitsblattes keinesfalls aufrufen dürfe – denn er könne überhaupt nicht lesen!! Andernfalls würde er ausrasten und irgend etwas anstellen.

Ein andermal hatte mich ein Schüler aus der 8. Klasse mächtig genervt, so dass ich ihn am Ende zu mir rief und ihm androhte, nun doch einen Verweis an seine Eltern zu schicken. Darauf fing er laut an zu heulen und zu klagen: Bitte nicht! Mein Vater schlägt mich tot, wenn ich einen Verweis nach Hause bringe. Geben Sie mir bitte eine andere Strafe! Ich habe gelernt, solche Ängste vor einem Vater nicht auf die leichte Schulter zu nehmen.

Einmal besuchte ich einen Schüler der 4. Klasse daheim. Er war schon in Deutschland geboren, seine Mutter aber stammte aus Westafrika. Sie war dort sogar eine Lehrerin, arbeitete jetzt aber in München als Reinigungsfrau in einem Kino. In der relativ kleinen Wohnung lebten noch drei weitere Erwachsene. Ich konnte nicht erkennen, in welchem Verhältnis sie zueinander standen. Es lief tagaus tagein der Fernseher. Für den Jungen war kein Platz zum Lesen und vor allem kein stiller Fleck, um einmal in Ruhe zu schreiben und zu lernen. Trotz Intelligenz erreichte er – wen wundert's? – keine guten Noten.

Jeder Kaplan oder Religionslehrer könnte noch Dutzende ähnlicher Beispiele anführen. Trotz schwieriger Umstände hatte sich in den letzten Jahrzehnten Vieles zum Guten gewendet. Es wurden neue, gelungene, anregende und ermutigende pädagogische Ansätze entwickelt. Ich nenne die Projektarbeit, die Arbeit in Gruppen mit dem Ziel, den Lehrer weg von der Tafel zu holen, ihn vom Stil des Instruierens zu einem Partner des Miteinander-Lernens und Arbeitens zu führen: Kurz und gut, den Lehrer zum Helfer und Partner der Schüler zu machen. Zu nennen ist ferner der Einsatz von Schulsozialpädagogen, von Hausaufgabenbetreuung, von Mittags- und Nachmittagsangeboten und vor allem auch durch eine bessere technische Ausstattung mit den verschiedenen Möglichkeiten von moderner Kommunikation. In der Hauptschule, die jetzt Mittelschule heißt, werden Leistungsanreize geschaffen wie qualifizierter Abschluss oder Mittlere Reife, daneben auch Praxisklassen für solche Schüler, die sich mit Pauken und Memorieren schwer tun.

Ein Problem für den Pfarrer oder Kaplan ist es, dass er zuweilen in den unterschiedlichsten Jahrgangsstufen eingesetzt wird. Ich selbst z.B. war nur vertretungsweise in der Grundschule – ich hatte auch bald gemerkt, dass ich wenig Geschick zeige im Umgang mit den 6–10-Jährigen. Sodann war ich in der Haupt- bzw. Mittelschule im Einsatz, ferner in verschiedenen Klassen eines Gymnasiums und schließlich hatte ich einige Jahre lang jeweils eine 8. Klasse der Realschule zu unterrichten. Ein geschickter, qualifizierter Lehrer war ich nie. Ich vermag auch nicht zu sagen, wieviel an Glaubenserfahrung, Glaubenswissen und Glaubensfreude ich den Jugendlichen vermitteln konnte. Am Ende eines Schuljahres hatte ich oft den Eindruck: Vielleicht war dies für verschiedene meiner Schüler der letzte Kontakt mit Kirche. Gerade im Bereich der Haupt- bzw. Mittelschule plagt mich ehrlich gesagt bis heute das schlechte Gewissen, weil ich das Gefühl habe, diese jungen Menschen für den christlichen Glauben verloren zu haben.

Wie verwirrend die Situation manchmal war, mag folgende Begebenheit deutlich machen. An meiner ersten Kaplanstelle schlug der Pfarrer in der Fastenzeit vor, die Kinder zur hl. Beichte einzuladen, besonders die Kinder der 3. und der 4. Klasse. Und dann fügte er hinzu: Versuchen wir es doch auch mit denen der 5. Klasse. Ich warnte zwar, denn ich kannte ja meine Schützlinge, wollte aber nicht widersprechen. Wir waren damals drei Beichtväter. Die Kinder konnten frei wählen. Sie waren auch nicht verpflichtet zur Beichte, sie mussten nur anwesend sein. Doch sie kamen alle – und die größten „Rabauken" wollten unbedingt bei mir, bei ihrem Kaplan beichten. Ich darf hier das Beichtgeheimnis brechen, denn Sie ahnen es bereits. Sie bekannten fest und stolz: „Ich habe im Religionsunterricht den Kaplan geärgert." Welchem Priester bleiben da nicht die Worte im Hals stecken!

Ich erwähne noch ein weiteres Ereignis. Nach einem Jahr als Kaplan in der Pfarrei musste ich schon wieder Abschied nehmen. Auch in der Schule hatten es alle längst mitbekommen. Eines Nachmittags in den

Sommerferien war ich gerade an meinem Auto beschäftigt. Plötzlich fuhr einer meiner Neunt-Klässler, einer, der mir manche Schweißperle auf die Stirn getrieben hatte, mit einem neuen flotten Motorrad vor, erkannte mich und fing an: „Herr Kaplan, ich habe gehört, dass Sie uns schon wieder verlassen. Schade. Jetzt hatten wir endlich mal einen richtigen Kaplan!" Ob er es ernst meinte? Oder mich ein letztes Mal reizen wollte? Ich weiß es nicht.

Ich muss in diesem Arbeitsfeld noch ein besonderes Zusammenspiel zwischen Schule und Pfarrei erwähnen: Es sind die Schulgottesdienste. Für die Seelsorger und Religionslehrer waren diese Gottesdienste jeweils eine große Herausforderung. Die Schulleitung befürwortete meist einen Gottesdienst für die gesamte Schulgemeinschaft. Das mag bei vielleicht 300 Grundschülern noch angehen. Bei weiterführenden Schulen mit 500 oder mehr Schülern war das schon räumlich nicht mehr zu meistern.

Viele Schulen wünschten im allgemeinen einen Anfangsgottesdienst – möglichst gleich an den ersten zwei Schultagen oder am Jahresende ganz zum Schluss. Der Gedanke, mit Gott fang an, mit Gott hör auf! zeugt zwar von frommem Sinn, doch ohne gezielte Vorbereitung konnte so ein Schulgottesdienst niemals gelingen. Dabei gab es große Unterschiede. An einigen Schulen war es üblich, dass die Lehrer die Klasse geordnet zur Kirche führen, dass sie die Kinder beim Betreten auffordern zu schweigen und dass sie sich zu den Schülern setzen und sie während des Gottesdienstes im Auge behalten. Ich habe auch erlebt, dass selbst eine Grundschulrektorin es sich nicht nehmen ließ, vor der Schulgemeinschaft ein Gebet zu sprechen und zum Singen einzuladen. Das war ein großartiges Glaubenszeugnis. Ich kenne aber auch das Gegenteil. Die Schüler wurden bis zur Kirche begleitet. Am Eingang hielt der Lehrer noch das Kirchenportal auf und zog sich danach zurück. Er wollte lieber draußen vor der Kirche bleiben.

Anfügen muss ich, dass fast alle diese Gottesdienste zusammen mit der evangelischen Gemeinde in ökumenischer Form gehalten wurden.

Im allgemeinen ergaben sich daraus viele Anregungen und ein gutes Zusammenspiel. Eine Eucharistiefeier hingegen mit den Schülern zu halten, war in meinen Augen immer ein „gewagtes" Unterfangen. In solchen Fällen wünschte ich weniger Zwang für die Schüler, damit sie der Messfeier ohne Nachteile fern bleiben können. Rein organisatorisch musste während dieser Zeit ein paralleler Gottesdienst für die evangelischen und die übrigen Schüler geboten werden.

Ein Schulgottesdienst konnte nur gelingen, wenn auch die musikalische Gestaltung gut geplant war. Glückselig, wenn ein Schulchor mit dem entsprechenden Fachpersonal bereit war mitzuwirken. Auch die Gotteslobbücher taugen dafür wenig. Grundschüler brauchen meist ewig, bis sie die richtige Seite aufgeschlagen haben. Andere zeigen großes Geschick, die teuren Bücher in Einzelteile zu zerlegen. Also wurden fleißig Notenblätter zusammengestellt und vervielfältigt. Allmählich wurde auch allen klar, dass ein guter Schulgottesdienst am Anfang eine Anlauf- und Vorbereitungszeit braucht. Es ist also günstig, wenn er erst in der 2. Schulwoche angesetzt wird. Gleiches gilt für das Schuljahrsende. Es macht Sinn, einen Gottesdienst innerhalb der letzten 5–8 Schultage zu halten. So können auch die unterschiedlichen Schulen bedient werden. Ein besonderes Augenmerk gilt den Entlassschülern. Sie zeigen sich oft aufgeschlossen, wenn für sie ein eigener Gottesdienst stattfindet. Vergleichbares gilt für die Schulanfänger. Die Idee Viertklässler als „Paten" für die Kleinen einzusetzen, hatte sich sehr bewährt. Weniger glücklich fand ich die Idee, eine Segnungsfeier der Erstklässler gleich noch am 1. Schultag abzuhalten. An diesem Tag stürmt auf die Kinder so unendlich viel Neues ein. Ich hatte immer den Eindruck, der Weg zur Kirche war diesen Kleinen einfach zu viel.

Zwei Beispiele möchte ich erwähnen, welche die „Dramatik", aber auch die Chance eines Schulgottesdienstes verdeutlichen. Das erste Beispiel hatte ich nicht persönlich erlebt, es war mir aber glaubwürdig berichtet worden. Der Schulgottesdienst war angesagt, und mehrere

Hundert Kinder stürmten in das Gotteshaus. Der Pfarrer war noch in der Sakristei und hörte das laute Lachen und Schwatzen der Schüler. Instinktiv spürte er: Nein, mit so einer „Horde" kann ich keinen Gottesdienst feiern. Er ging in Chorkleidung langsam in die Kirche. Ganz langsam beugte er das Knie vor dem Altar, öffnete den Tabernakel, verweilte ein wenig in stillem Gebet. Dann nahm er das Ziborium und trug es ganz, ganz langsam in die Sakristei. In der Kirche wurde es immer ruhiger, am Ende geradezu mäuschenstill. Nach einem kurzen Verweilen mit dem Allerheiligsten in der Sakristei ging er wieder in die Kirche ans Mikrofon und sagte den Schülern, ohne Vorwürfe zu machen, sie könnten jetzt heimgehen.

Ich möchte auch ein gelungenes Beispiel nennen. Grund- und Hauptschule feierten ein Schuljubiläum und wollten dies als Schulgemeinschaft mit einem Gottesdienst tun. Alles, was es in der Kirche an Plätzen gab, wurde ausgenutzt: die Empore mit ihren „immer etwas gefährlichen Winkeln"; im breiten Mittelgang hatten wir Kokosläufer ausgelegt und einen Teil der Schüler gebeten dort auf den Boden Platz zu nehmen. Eine kleine Schulband stand bereit, dazu auch ein Schülerchor. Im Mittelpunkt stand ein biblisches Spiel „Turmbau zu Babel" mit Abwandlung, was vor allem die Sprachenvielfalt, wie sie überall herrschte, in den Blick nahm. Noch heute gilt allen Beteiligten meine Anerkennung. Alle Versammelten hörten aufmerksam zu. Die Beteiligten spielten ihre Rolle mit Eifer. Es wurde ein frohes Fest des Glaubens. Alle waren der Meinung, es ist gut, wenn Schule und Kirchen zusammenwirken.

8. Kirche und Jugend

Ein weiteres Thema wird die Kirche immer fordern und beschäftigen: Kirche und Jugend.

Ich möchte zunächst präzisieren. Es geht nicht um den gesamten Kinder- und Jugendbereich, denn dieser würde auch die Kindertagesstätten, die Schulen und den Religionsunterricht betreffen. Ich möchte diesen Abschnitt eingrenzen auf den außerschulischen Bereich für junge Menschen ab 12 bis rund 30 Jahren, also Jugendliche und junge Erwachsene.

Ich weiß, dass ich hierfür wenig kompetent bin. Während meiner Gymnasialzeit war ich im kirchlichen Internat, was eine eigene „Welt" darstellte. Als Kaplan an drei Gemeinden sowie als Präfekt am Erzbischöflichen Studienseminar Traunstein hatte ich reichlich mit Jugend und Jugendarbeit zu tun. Als Pfarrer jedoch, das gebe ich offen zu, fehlte mir einfach die Zeit, mich konsequent und beständig mit einzelnen Jugendgruppen zu befassen. So weit vorhanden, vertraute ich Jugendarbeit den pastoralen Mitarbeitern an.

Die Jugendarbeit hat sich im Verlauf der letzten 50 Jahre massiv verändert. Waren früher die klassischen Verbände des Bundes Deutscher Katholischer Jugend (BDKJ) tonangebend, so hat sich dieses Bild stark gewandelt. Es gibt heute eine Reihe kirchlich anerkannter Jugendgruppen, die sich an anderen Leitbildern orientieren. Im Bereich der Verbände des BDKJ ist ein wichtiges Ziel die Heranbildung eines verantwortungsvollen, überzeugten Christen. Neuere Vereinigungen orientieren sich zum Beispiel mehr am Religiösen, am gemeinsamen Bibellesen, an Gebets- und Andachtsstunden. Es herrschen natürlich auch die klassischen Jugendziele vor wie sinnvolle Freizeitgestaltung, Gruppenerlebnisse und Gruppendynamik, Selbsterfahrung und Erprobung von Eigenverantwortung. Nicht vergessen darf man in diesem Umfeld die Arbeit von Jugendchören, Jugendmusikgruppen oder von kirchlichen Sportverbänden wie DJK.

Mit den 70er-Jahren ist die pfarrliche Jugendarbeit in vielen Gemeinden in die große Krise geraten. Die Bereitschaft zum Gottesdienstbesuch sackte ab; Jugendseelsorger spürten immer weniger Begeisterung für die Gestaltung von Gebet, Andachten oder Jugendgottesdiensten. Der Freizeitsektor und die Möglichkeit, sich frei und ungezwungen auszutoben, obsiegten. Manche Jugendräume in den Pfarrzentren boten einen erbärmlichen Anblick. Es war ein Art Fingerabdruck eines geschickt agierenden Kaplans oder Gemeindereferenten, wenn es gelang, die jungen Leute zu ermutigen, wieder Ordnung zu schaffen in den eigenen Räumen.

Kaum jemand hätte ahnen mögen, dass es dem Papst aus dem Osten gelingen würde, einen ganz neuen Esprit in die Zusammenkunft vieler Jugendlicher weltweit hinauszutragen, als er 1984 zum ersten Internationalen Jubiläum der Jugend nach Rom einlud, woraus später die Weltjugendtage entstanden. Er selbst in seiner Person war das neue Programm kirchlicher Jugendarbeit. Schon als junger Kaplan hatte er stets junge Menschen um sich versammelt, hatte mit ihnen Themen des Glaubens und der christlichen Moral besprochen, hatte im kleinen Kreis Gottesdienste mit ihnen gefeiert und ihnen Mut gemacht, entgegen aller kommunistischen Indoktrination den Glauben an Jesus Christus offen zu bekennen. Trotz hoher Arbeitsbelastung hat er diese Praxis auch als Professor der Theologie, als Weihbischof und sogar als Erzbischof und Kardinal von Krakau beibehalten.

Für Insider war es also nichts Neues, wenn dieser Papst nun auch persönlich auf die jungen Menschen zuging, um sie für den Glauben an Christus zu gewinnen, ganz nach dem Motto seiner Amtseinführung: „Habt keine Angst. Öffnet die Tore für Christus!" Freilich, schon in der Umgebung des Papstes war die Skepsis groß. Macht es einen

Sinn, Hunderttausende Jugendlicher einzuladen, sie zu weiten Reisen über Länder, ja sogar Kontinente zu bewegen? Wird es gelingen, diese vielen jungen Menschen unterschiedlicher Sprachen zu Gebet und Gottesdienst zu versammeln? Besteht nicht die Gefahr von Störungen, Konflikten, Unordnung, Chaos? Wer kann das verantworten? Papst Johannes Paul II. ließ sich von all diesen Zwischenrufen nicht aus der Ruhe bringen. Und er sollte Recht behalten. Die ganze Welt staunte, mit welcher Disziplin, mit wieviel Engagement, Aufmerksamkeit und Enthusiasmus tausende, ja Millionen Jugendlicher sich versammelten in Buenos Aires, in Santiago de Compostela, in Rom, in Paris, in Tschenstochau und vielen anderen Großstädten der Welt. Der Funke seiner Christusgläubigkeit sprang auch auf viele deutsche Jugendliche über, die sich zu Gruppen zusammenschlossen. Sie scheuten sich nicht, gemeinsame Anbetung zu halten, Beichtgespräche zu führen, persönliche Andacht zu pflegen. Es hatte zuweilen den Anschein: Religion ist wieder „in"! Viel an neuem religiösem Liedgut ist aus solchen Kreisen entstanden.

Die Impulse, die von dieser Initiative des polnischen Papstes ausgingen, halten vielfach bis heute an, wenn etwa auf einem Schulgelände nächtliche Anbetungen angeboten, wenn landauf landab kleinere und größere Jugendtage oder in Schulen Morgenandachten vor Beginn des Unterrichts organisiert werden. Diese Impulse haben auch herkömmliche Jugendverbände erreicht, sie sozusagen neu herausgefordert, so dass auch sie sich stärker mit religiösen Kernthemen befassten. Alle diese Initiativen haben deutlich gemacht, die Kirche hat die Jugend noch nicht – einige betonten: Noch lange nicht! – verloren. Es brauche nur Mut, neue Initiativen, Unternehmungsgeist und einen festen Glauben, um junge Menschen wieder für die Sache der Kirche zu gewinnen.

Dieser für Seelsorger erfreulichen Entwicklung ist freilich entgegen zu halten, dass es im öffentlichen Bereich längst eine neue „Jugendkultur" gibt, die geprägt wird von modischen Trends, von Happiness, grenzenloser Ausgelassenheit, Ungezwungenheit in allen Bereichen mit sinnlosem Gebrauch von Nikotin, Alkohol und Drogen. Man kann als Senior nur staunen und den Kopf schütteln, wenn Abertausende zu Festivals, zu Bikertreffs, zu Partys, in Tanzbars oder zu Strandfesten strömen und dabei sich selbst von Sturm und Regen nicht abhalten lassen, sondern es toll finden, wenn sie über und über mit Schlamm voll geschmiert sind. Zu erwähnen ist übrigens, dass es unter diesen „Jugendlichen" eine ganze Menge an Erwachsenen gibt. Viele sagen, diese träumen noch von dem, was sie in ihrer Jugend versäumten.

Ich bestaune den Mut von Seelsorgern – mehrheitlich evangelische, zuweilen auch katholische – die solchem Treiben nicht ausweichen, selbst mitmachen und eine Segensfeier für Biker oder eine kurze Andacht zu Beginn eines Musikfestivals halten, die deutlich machen, Kirche geht mit den Menschen, holt sie dort ab, wo sie leben, wo ihr Herz schlägt. Sie wollen damit veranschaulichen: Gott ist für alle da!

In die Nähe dieser Menschen möchte ich auch jene stellen, die im Allgemeinen wöchentlich die großen Sportstätten füllen. Viele davon kommen aus leidenschaftlichem Interesse für den Sport und bewundern die Leistungen der Wettkämpfer in der Arena. Applaus und Lob für Sieger sind immer berechtigt. Wichtig, dass auch Unterlegene mit Respekt und sportlicher Fairness bedacht werden. Vieles an Jubelschrei gleicht freilich einer Massenhysterie und kann schnell umschlagen in respektloses Niederbrüllen und Auspfeifen. Es kommt leider bei vielen Zuschauern vor, dass unbedingter Siegeswille oder Nationaldenken einen objektiven Blick auf die Leistungen, die auf dem Rasen, der Aschenbahn oder dem Parkett geboten werden, verhindern. Sportliche Gegner niederzuschreien, sie praktisch zu „Feinden" zu erklären, hat nichts mit gesundem Sportsgeist zu tun. Gleiches gilt, wenn Schiedsrichter mit Pfiffen, Aggression und Hass überschüttet werden. Wahrer olympischer Geist hat viel mit

Völkerverbundenheit und Freundschaft zu tun und ist insofern dem christlichen Geist nicht fern. Doch allzu leicht wandelt sich solch forcierter Sportsgeist in Hass und erbitterte Feindschaft dem Gegner gegenüber. Ich habe in diesem Zusammenhang den früheren Münchner Jugendpfarrer Karlheinz Summerer sehr bewundert, der zeit seines Lebens die Verbundenheit von Kirche und Sport belebt hat. Ich erinnere mich an ein kleines Büchlein von ihm mit hervorragenden Gedankenanstößen zur Besinnung und Einstimmung bei Sportfesten oder Wettkämpfen. Er hatte ein Herz für den Sport und für den Glauben.

„Niederschwellige" Angebote nennt man dieses seelsorgliche Handeln. Es ist sicher notwendig, auf die Leute zuzugehen, ihnen zu zeigen, Gott ist nicht fern. Es ist nicht verkehrt, Menschen, die bisher kaum und vielleicht noch nie etwas von Christus gehört haben, in ihrer Lebenswelt ein wenig von der Botschaft Jesu aufleuchten zu lassen. Manche versuchen auch in Kirchen mit Laserstrahl, Beamer, Heavy Metal, Schlagzeug und lauter Musik einen Raum zu schaffen, der dieses Klientel anspricht. Viele staunen über den Erfolg solcher Veranstaltungen – zumindest äußerlich betrachtet. Dennoch kann nicht geleugnet werden, dass die Bemühungen jener Seelsorger, die mehr zu Meditation, zu Anbetung, zu Seelsorgsgesprächen und Hinhören auf die Botschaft Gottes einladen, in einem tieferen und wohl bleibenderen Sinn Menschen erreichen.

Bei diesem Thema wird deutlich: Deutschland ist längst Missionsland geworden. Trotz jahrtausende alter christlicher Kultur finden sich bei uns viele, die kaum etwas von Jesus Christus wissen. Den Missionaren standen einst meist Traditionen und Praktiken der Naturreligionen entgegen. Heute trifft unsere christliche Botschaft auf ein vages, sehr unterschiedliches geistiges Fluidum an Empfinden, an Sehnsucht, an Hoffnung, aber auch an Fetischismus, an Hedonismus und Freigeistertum. Ich weiß nicht, wie Missionare einst den Eingeborenen das Eigentliche, die Kernbotschaft des Glaubens vermitteln konnten. Viele Berichte sprechen dafür, dass sie vor allem eine frohe Botschaft brachten, eine Botschaft des Heils, oft verbunden mit praktisch-medizinischem Wissen. Außerdem war es ihnen wichtig, die einfache, natürliche Religiosität dieser Menschen zu verstehen, um zu begreifen oder besser gesagt zu erahnen, was diese an ihrem Glauben festhalten lässt, meist verbunden mit einer ganzen Sozialstruktur.

Wir Seelsorger stehen heute oft vor einer ähnlichen Situation. Es wäre falsch, alle diese Menschen, die von der heutigen „Jugendkultur" beeinflusst sind, einfach abzuschreiben oder gar die Meinung zu vertreten, für die Kirche sind sie verloren. Kurze Anstöße zum Nachdenken, kleine Impulse, die etwas von Jesu Botschaft durchschimmern lassen, sind für sie gewiss hilfreich, auch wenn sie nicht ausreichen. Es wird immer ein besonderes Geschenk bleiben, wenn es gelingt, solche Menschen zu tieferer Nachdenklichkeit und zu mehr Besinnung auf das Wesentliche zu führen. Doch dies liegt nicht allein in unserer Hand. Manchmal sind es besonders tragische Ereignisse, die junge Menschen zum Weiterdenken anregen. Manchmal ist es ein Mitmensch, der fröhlich und überzeugend zum Glauben einlädt. Beispiele in der Geschichte gibt es genug. Ich nenne etwa Johannes Don Bosco oder eben den erwähnten Papst Johannes Paul II. Letztlich aber ist es immer Geschenk – Gnade.

9. Sakramente und Sakramentenvorbereitung

Ein Rückblick auf die Arbeit als Pfarrer wäre unvollständig, wollte man nicht näher eingehen auf das weite Arbeitsfeld der Sakramentenvorbereitung und Sakramentenspendung. In diesem Bereich haben sich in den letzten fünfzig oder achtzig Jahren grundlegende Veränderungen ergeben. Vor dem 2. Vatikanischen Konzil wurden die Kinder meist in Gruppen in der Klinik getauft. Die Vorbereitung zur Erstbeichte, zur Erstkommunion und zur Firmung erfolgte fast vollständig im Rahmen des Religionsunterrichts. Ich erinnere mich: An einer Konfessionsschule – in den 50er-Jahren noch die Regelschule – haben auch die weltlichen Lehrkräfte in den letzten Unterrichtsstunden noch intensiv auf den Empfang von Beichte und Kommunion mitvorbereitet.

In der Münchner Erzdiözese war es Weihbischof Ernst Tewes, der schon früh darauf hingewiesen hat, man müsse die Sakramentenvorbereitung stärker in die Pfarrgemeinden verlagern. Er hatte sich dabei an Vorbildern aus Frankreich orientiert, wo schon früh deutlich wurde, dass in einer vielschichtigen Gesellschaft die staatliche Schule nicht auch Glaubenskunde vermitteln kann. Am dringlichsten erschien eine Neuausrichtung der Firmvorbereitung. Vormals war jeweils eine große Zahl an Firmlingen nach Schulen gestaffelt in eine der großen Stadtkirchen geführt worden, meist sogar während des Unterrichts. Außer den Paten waren keine Angehörigen zugegen und viele der Schüler erlebten den Empfang dieses Sakraments wie eine kurze Unterbrechung des Schulalltags.

Es waren mehrere mutige Entscheidungen, die in der Münchner Erzdiözese Grundlagen für eine Neuorientierung brachten.

a) Als erstes wurde die Firmvorbereitung in die Verantwortung der Pfarreien gelegt. Die Firmungen erfolgten somit in kleineren Gruppen. Für die Weih-Bischöfe und deren Beauftragte mehrten sich die Zahl der Firmtermine deutlich. In allen Pfarrgemeinden musste folglich ein Vorbereitungskurs mit Helfern geplant, organisiert und durchgeführt werden. Im Rahmen des Religionsunterrichts erwartete man eine thematische Hinführung zum Verstehen, was der Hl. Geist für uns Christen bedeutet. Doch die eigentliche Vorbereitung erfolgte in den einzelnen Pfarreien. Von nun an mussten die jungen Menschen sich zum Empfang des Firmsakramentes anmelden und bereit erklären, den Vorbereitungskurs in der Pfarrei regelmäßig zu besuchen.

b) Als zweites wurde das Alter der zu Firmenden heraufgesetzt. War es vordem üblich, Schüler im Alter von 11–12 Jahren zur Firmung führen, so verlegte man schließlich die Firmspendung auf das Alter von 13–15 Jahren. Viele fürchteten, dass mit dieser Verschiebung und den zusätzlichen Verpflichtungen wesentlich weniger das Firmsakrament empfangen würden, was freilich kaum eintrat.

c) Mit dieser Neuorientierung ergab sich ferner, dass die Firmgottesdienste in der jeweiligen Pfarrkirche, wenn möglich an einem Samstag oder Sonntag, manchmal auch an einem Werktag, dann aber meist abends im Verlauf des ganzen Jahres stattfinden mussten. Die Firmgottesdienste wurden meist groß und feierlich gestaltet. Es war etwas Besonderes für die Pfarrgemeinde. Man erwartete hohen Besuch. Die Kirchen waren an diesem Tag brechend voll. Die Weihbischöfe freilich stöhnten über die Vielzahl an Firmterminen, die sie wahrzunehmen hatten.

Für uns Seelsorger war überraschend, dass die Gemeinden die Änderungen vorwiegend begrüßten. Die Zahl der jungen Katholiken, die keine Firmung wünschten, war verschwindend gering. Im Gegenteil – soweit ich erfahren habe – liegen die Teilnehmerquoten in der Münchner Erzdiözese mit am höchsten von ganz Deutschland. Positiv wirkte sich auch das höhere Firmalter aus. Firmung war nicht mehr so eine Art Erneuerung oder Weiterführung der Erstkommunion. Auf Grund des größeren zeitlichen Abstands von der Erstkommunion erhielt dieses Sakrament des Hl. Geistes einen neuen Akzent. Es waren nun junge Erwachsene, die vor den Bischof treten und die Gabe des hl. Geistes erbitten. In einer neuen Lebensphase konnten die jungen Menschen ihren Glauben neu entdecken und erfahren. Nun konnte man wirklich davon reden, dass diese jungen Menschen „vollwertige" Christen sind mit allen Rechten und Pflichten.

Wie gesagt, ich war mit Beginn meiner Tätigkeit als Kaplan voll in diese neue pastorale Aufgabe hineingestellt worden. Am Anfang war ich auch skeptisch, ob wir verantwortungsvoll und pastoral angemessen in unserer Pfarrei den Firmvorbereitungskurs durchführen können. Erstaunlicher Weise meldeten sich meist mehr Erwachsene als gedacht und haben mit viel Engagement eine Gruppe junger Menschen über diese Zeit im Glauben begleitet. Ideal war, wenn man die Vorbereitung mit praktischen Aufgaben verbinden konnte, um etwa die eigene Pfarrei, deren Organisationsstruktur, die Dienste von Caritas, Krankenpflege oder Jugendstelle besser kennen zu lernen. Positive Erfahrungen verbinde ich auch mit der Aufforderung an alle Firmbewerber zu einem persönlichen Gespräch mit dem Seelsorger. Wir hatten jeweils die Regelung getroffen: Jeder muss sich dem Gespräch stellen. Was dort besprochen wird, steht ohnedies unter dem Forum internum. Wir erlebten kaum Zögern oder gar Ablehnung bei den jungen Menschen. Im Gegenteil: Viele waren dankbar für ein offenes Gespräch. Selbstverständlich war es für den Pfarrer eine intensive Inanspruchnahme, wenn er innerhalb von 2–3 Wochen 50 oder 70 oder noch mehr solcher Gespräche zu führen hatte. Doch wie gesagt: Der Einsatz hat sich gelohnt! Davon bin ich überzeugt, auch wenn viele der jungen Menschen danach nur selten die Kirche oder die Gottesdienste besucht haben.

Ähnliches ergab sich bei der Vorbereitung der Erstkommunion. Ich hatte noch in einer Pfarrei erlebt, dass man bereits die 2. Klässler, also die 7–8-jährigen zur ersten hl. Kommunion führte. Man wollte sie möglichst früh zum Geheimnis des Glaubens führen. Ich bezweifle, ob diese Praxis richtig war. Ich hatte auch nur ganz wenige Familien kennen gelernt, welche die Frühkommunion ihrer Kinder – also noch vor dem 7. Lebensjahr – praktizierten. Persönlich befürwortete ich strikt die 3. Klasse. In dieser Altersstufe klappte die Zusammenarbeit von schulischem Religionsunterricht und pfarrlichem Vorbereitungskurs gut. Die zusätzliche Vorbereitung in der Pfarrei war ein großer Gewinn. Man konnte die Kinder wesentlich besser mit den Gegebenheiten der Kirche vor Ort vertraut machen und auch die eigentliche Feier Schritt für Schritt und in Ruhe vorbereiten. Ob es günstig war, dass im Lauf der Jahre die Familienfeiern zur Erstkommunion immer opulenter wurden, das wage ich zu bezweifeln. Wenn dann am Abend noch eine Dankandacht und am nächsten Morgen eine weitere Eucharistiefeier anberaumt war, so wurde manches „Stöhnen" der Kinder vernehmbar. Der Eindruck war nicht ganz falsch: Wir haben den Kindern zwar ein schönes, ein intensives religiöses Erlebnis bereitet. „Doch jetzt genug damit!" war zuweilen zu hören. Und man sah die Kinder in der Folgezeit nur noch wenig in der Kirche. Dies ist ein Teil der Tragik unserer heutigen Glaubenswelt.

Eine immer noch heiß diskutierte Frage lautet: Sollen die Kinder vor der Erstkommunion schon zur Beichte geführt werden? Die offiziellen Anweisungen lauten klar: Ja. In der Praxis liegen die Dinge freilich nicht so klar zu Tage. Wollen die Seelsorger beides innerhalb einer Vorbereitungszeit von ca. drei Monaten erreichen, so drängen sich die Themen eng zusammen, auch wenn der Religionsunterricht dabei nach Kräften hilft. Die Kinder müssen lernen, auf ihr Gewissen zu hören. Sie müssen erkennen, wo sie Gott missachteten, wo sie anderen Menschen Unrecht taten; und sie sollen erkennen, wo und wie sie das Gute suchen und das Böse, das Verkehrte meiden können. Ebenso wichtig ist die Hinführung zu Reue und zur Bereitschaft zur Versöhnung. Das ist ein umfangreicher pädagogischer Auftrag, der Einsatz und Zeit erfordert. Sodann ist es für die Kinder von 8–9 Jahren nicht so einfach, dem Geistlichen – dem Pfarrer am Ort, aber vielleicht wegen der großen Anzahl auch einem Gastpriester – die eigenen kleinen und größeren Vergehen zu benennen. Natürlich ist es vernünftig, wenn dies innerhalb der Fastenzeit erfolgt, um sich nach Ostern dann für das Fest der ersten heiligen Kommunion einzustimmen.

Wie gesagt, im Umgang mit Kindern der 3. Grundschulklassen habe ich oft erlebt, wie schwer ihnen der Weg zur Beichte fiel. Ich möchte dies nicht überbetonen. Doch ich habe in zwei meiner Pfarrgemeinden auch eine andere Regelung erlebt. Wir hatten in der 3. Klasse die Kinder zur Erstkommunion geführt – jeweils zwischen Ostern und Pfingsten. Danach am Beginn der 4. Klasse luden wir die Kinder erneut ein, um sie mit ihrem Leben, ihrem Gelingen und Versagen, ihren guten Vorsätzen und ihren Verfehlungen zu konfrontieren. Nun, ein paar Monate nach der Fest der Erstkommunion, wo die Kinder ihre Freude am Glauben und ihre Dankbarkeit über die Verbundenheit mit Christus feierlich erlebt hatten, machte es wirklich Sinn, über die eigenen Vorsätze und über die eigenen Fehler nachzudenken. Auch der Mut, vor dem Priester zu seiner Schuld zu stehen, fiel ihnen jetzt leichter.

Ich kann nicht genug betonen: Mir erschien dieser Ansatz pädagogisch sehr vernünftig. Gewiss, es waren weniger Kinder, die zur Beichte kamen, als beim großen Fest der Erstkommunion; jedoch jeweils mehr als die Hälfte. Ein gut Teil der Gruppenleiter erklärte sich bereit, auch die Vorbereitung für die hl. Beichte mit zu gestalten. Es war unverkennbar, dass die Kinder innerhalb dieser Monate mehr Sensibilität für das eigene Gewissen und für das, was Gut und Böse ist, entwickelt hatten. Kurz und gut: Im Rückblick auf meine Jahre als Seelsorger kann ich nur für die letztere Lösung plädieren. Ich weiß, dass diese Handhabung den Anordnungen der Bischöfe entgegensteht. Doch ich bin ein Mann der Praxis und möchte unterstreichen, was ich in meinen Jahren konkreter Seelsorge vor Ort erlebt habe. Ich bin auch überzeugt: Jenen Kindern, die am pfarrlichen Beichtkurs in der 4. Klasse teilgenommen haben, konnten wir – Pfarrer wie Helfer – ein gutes Stück mehr an Verständnis für das eigene Versagen, für Schuld, für Reue und Umkehr mitgeben!

Ich möchte mich noch anderen Sakramenten zuwenden. Schon seit meiner Priesterweihe galt der Grundsatz: Keine Taufe ohne vorheriges Gespräch mit den Eltern und wenn möglich zusammen mit den Paten. In all den Jahren habe ich diese Regelung für sinnvoll und notwendig erlebt. Es war auch richtig, die Taufe – außer in Notfällen – nicht mehr in den Kliniken abzuhalten. Doch es lässt sich nicht leugnen: Taufgespräche sind zeitaufwendig. In Ruhe kann man mit den Eltern meist nur am Abend oder an den Wochenenden ein Gespräch führen. Taufgespräche mit fünf oder gar zehn Elternpaaren habe ich nie gehalten. Gewiss kann man bei solcher Gelegenheit – etwa mit Hilfe moderner Medien – vieles zum Verständnis der Taufe darlegen. Doch das ersetzt nicht das ganz persönliche Gespräch, das ja immer auch einen sehr menschlichen Charakter trägt. Denn mit der Geburt eines Kindes – vor allem des ersten Kindes – ändert sich das Leben für das Paar grundlegend. Die Eltern übernehmen eine große Verantwortung für Gesundheit, Wohlergehen und die ersten grundlegenden Lebenserfahrungen ihres Kindes. Insofern sind sie sehr aufgeschlossen für alles, was Segen, Schutz, Vertrauen, Geborgenheit für ihr Kind und für die ganze Familie bedeutet. All dies darf und soll auch in die Feier der Taufe mit einfließen. Außerdem darf nicht vergessen werden: Junge Familien sind zwar nicht immer die eifrigsten Gottesdienstbesucher. Aber Familien, die einander die Treue halten, die ihre Kinder zu Ehrfurcht, Verantwortung und sittlicher Ordnung erziehen, sind die Säulen einer jeden Pfarrgemeinde – ein Wort des ehemaligen Kardinals Hermann Volk. Insofern ist die Zeit, die man für Taufgespräche einbringt, niemals verloren.

Natürlich gibt es im Alltag manche Probleme. Ich bevorzugte das Taufgespräch in den Wohnungen, bei den Familien daheim zu halten, wo es meist leichter fällt, das kleine Kind zu beruhigen. Doch es kam auch vor, dass gerade in dieser Stunde ein Kind quängelte. Trotz der Abendstunden störten zuweilen Telefonate oder geschäftliche Dinge das gemeinsame Gespräch. Und wenn sich Probleme über Glaube oder Kirche aufgestaut hatten oder andere Probleme des öffentlichen Lebens vordrängten, so blieb das eigentliche Thema zwar mehr im Hintergrund. Doch die persönliche Beziehung, die an diesem Abend gewachsen war, war wichtig!

Ein weiteres viel diskutiertes Thema ist die Frage: Ob Taufen eher einzeln oder in Gruppen gespendet werden sollen? Ich mache aus meiner Meinung kein Hehl. Ich mochte keine Gruppentaufen. Zwei Kinder in einer Feier zu taufen, das ließ sich noch ganz gut bewerkstelligen, doch fünf oder zehn Kinder und gar noch mehr: Nein, das habe ich nie gemocht. Ich erinnere mich an eine Taufe mit vier Kindern. Alle waren zum Glück pünktlich in der Kirche erschienen. Wir hatten sie gebeten, nach Gruppen Platz zu nehmen. Die Pastoralassistentin stand mir hilfreich zur Seite. Doch: Zusätzlich zu den vier Babys, die getauft werden sollten, waren noch etwa 20 weitere Kinder im Gotteshaus. Bald war es nicht mehr möglich, diese zur Stille anzuhalten. Die Fragen an die Eltern und Paten, die Gebete gingen im allgemeinen Lärm unter. Und das „Chaos", wie ich es nennen möchte, steigerte sich, als bei der Taufe mit Wasser oder der Salbung mit Chrisam des jeweiligen Kindes noch mehrere Fotografen vorstürmten. Nein, in diesem Fall ist es nicht gelungen, die Taufe zu einem Fest des Glaubens zu machen. Ich erinnere mich auch an einige andere Fälle, wo man eine Viertelstunde auf die letzte Tauffamilie warten musste, die sich einfach mit der Uhrzeit vertan hatte. Da sich alles verzögerte, wurden am Ende auch die Taufkinder unruhiger und schrien „um die Wette". Nein, ich gebe zu: Wenn immer möglich, habe ich Einzeltaufen gehalten. Lieber zog ich es vor, den anschließenden „Taufkaffee" ausfallen zu lassen. Ich meine auf diese Weise den Familien den besseren Dienst geleistet zu haben. Ich sehe allerdings ein, dass bei immer größer werdenden Pfarreiengemeinschaften diese Praxis bald an ihre Grenzen stoßen wird. Besonders umfangreich sind die Vorbereitungen, wenn Schulkinder zur Taufe geführt werden sollen. Sie verstehen schon vieles, was geschieht. Doch das Eigentliche, das Getauftwerden auf den Tod und die Auferstehung Jesu Christi, das übersteigt ihr Begreifen.

Ein besonderes Aufgabengebiet für jede Gemeinde ist die Bitte Erwachsener um die Taufe. Während meiner aktiven Zeit als Seelsorger waren die Zahlen noch gering. Einige Male habe ich erfahren, dass betreffende Bittsteller sich an die Glaubensorientierung unserer Diözese wandten, dort einen Vorbereitungskurs von mehreren Monaten durchliefen und schließlich vom Erzbischof oder dessen Vertreter das Sakrament der Taufe und Firmung empfingen. Dies ließ sich im allgemeinen gut realisieren bei Bewohnern im Umfeld der Großstadt. In Prien freilich, das mehr als 100 km von München entfernt liegt, ist eine solche Lösung wenig praktikabel.

Für mich als Pfarrer war es jedesmal eine richtige Herausforderung, diesen Menschen in einer Zeit der Vorbereitung die passenden und treffenden Impulse mitzugeben. Welchen Ausbildungsstatus bringen die Bewerber mit? Wieviel wissen sie bereits vom Christentum und von der Katholischen Kirche? Haben Sie eine Vorstellung, was Christsein bedeutet? Bücher oder Schriften können hilfreich sein. Doch das Entscheidende ist das Gespräch, das Zeugnis des eigenen Glaubens und Betens. Ich hatte immer dann ein gutes Gefühl, wenn die Bittsteller selbst regelmäßig zum Gottesdienst kamen, um auf diese Weise hineinzuwachsen in den Alltag des religiösen Lebens. Dies hilft mehr als lange theoretische Erklärungen.

Der Übertritt Erwachsener in die katholische Kirche wurde im Lauf der Jahre zu einer immer wichtigeren, aber auch arbeitsreicheren Aufgabe. Die Wegstrecke, die dabei zurückzulegen war, war jedesmal zeitaufwändig, jedoch meist auch menschlich bereichernd. Im Fall eines Konfessionswechsels eines evangelischen Christen war die Sache noch etwas einfacher, denn man konnte auf vieles zurückgreifen, was dieser schon von Jesus Christus und seiner Botschaft wusste. Wesentlich umfangreicher gestaltete sich die Aufgabe bei einem Nicht-Christen. Ein häufiges Problem gegenüber diesem Personenkreis war, dass diese meist darauf drängten, möglichst schnell in die katholische Kirche aufgenommen zu werden. Der Ratschlag, sie möchten sich Zeit nehmen und die Entscheidung reifen lassen, wurde nicht gerne gehört. Dabei trifft zu, dass diese Bewerber schon vorher lange mit sich gerungen hatten, ob sie zum katholischen Pfarrer gehen sollten. Dennoch hätte ich mir in manchen Fällen etwas mehr Geduld gewünscht. Es ist auch gar nicht so einfach, die Aufgabe der Hinführung zum katholischen Glauben einem Paten oder einer anderen Person aus der Pfarrei zu übertragen. Denn nach den ersten Gesprächen ist bereits eine Beziehung gewachsen, die der Bittsteller nicht mehr fallen lassen möchte. Kurz und gut: Gerne hätte ich bei dieser Aufgabe unterstützende Helfer in Anspruch genommen, was mir freilich nicht gelungen war.

Am Abschluss dieses Reifungsprozesses steht die Aufnahme in die katholische Kirche. Nur einmal habe ich erlebt, dass ein Kandidat während des Sonntagsgottesdienstes vor der versammelten Gemeinde seine Aufnahme gefeiert hat. Fehlte es an Mut, mit seiner religiösen Entscheidung so an die Öffentlichkeit zu gehen? Sicher spielt dabei eine Rolle, dass wir alle Glaube und Religion als etwas ganz Individuelles betrachten. Einzelne Gäste, Freunde und natürlich auch Paten sind gerne willkommen. Ein paar Mal habe ich erlebt, dass die Betreffenden einen größeren Bekanntenkreis geladen hatten, um ihre Taufe und Firmung gebührend zu feiern. Meist aber geschah dies im kleinen Kreis, manchmal auch nur in Anwesenheit der betreffenden Person und des Paten. Ich wünschte immer, eine größere gemeinsame Feier mit mehreren Kandidaten zu halten. Doch dies scheiterte stets an äußeren Umständen. Insofern ist eine größere gemeinsame Feier mit dem Erzbischof oder einem Vertreter des Domkapitels gewiss eine gute Form.

Wesentlich größer als die Zahl der Konversionen ist die Zahl der Kirchenaustritte, oftmals liegen die Zahlen höher als die der Taufen, manchmal sogar höher als die der Sterbefälle. An der Pfarrgemeinde geht dieses Ereignis mit wenigen Ausnahmen schlichtweg vorbei, denn die Austritte erfolgen am Standesamt. Erst nach etwa drei Monaten, erfährt das Pfarrbüro davon. Im Grunde hat der Pfarrer keine Chance, hier etwas dagegen zu unternehmen. Ein Brief an die Ausgetretenen, der leider erst Monate im Nachhinein erfolgt, bewirkt fast gar nichts, gleich ob man bestürzt, ob man verständnisvoll reagiert oder ob man auf die kirchenrechtlichen Folgen hinweist. Man kann unendlich über die Motive diskutieren. Natürlich finden sich in jeder Pfarrei, im Bistum, in der Weltkirche viele beklagenswerte Fehler; doch letzten Endes sind mit ganz wenigen Ausnahmen zwei Gründe ausschlaggebend, die zum Kirchenaustritt führen: einmal eine schon länger währende Entfremdung vom konkreten kirchlichen Leben und natürlich die Kirchensteuer, die für einen gut Verdienenden einen erheblichen Betrag ausmachen kann, was man nicht vergessen darf. Wir, die Verantwortlichen in der Kirche kommen aus dieser Zwickmühle so schnell nicht heraus. Denn wir alle in der Kirche leben letztlich von der Kirchensteuer. Und Versagen, Fehler, Versäumnisse wird es immer geben – überall wo eben Menschen arbeiten.

Jeder Seelsorger kennt auch die „verquere" Situation, wenn er mit einem Ausgetretenen ins Gespräch kommt – etwa bei einer Tauf- oder Trauungsbitte oder bei der Vorbereitung einer Beerdigung. Der die Kirche verlassen hat, betont unverzüglich, er sei ein gläubiger Mensch, und geht dann schnell dazu über, Fehler oder Versäumnisse der Kirche aufzulisten; schließlich endet sein Statement, indem er hervorhebt, vielen in der Kirche mangele es am Glauben. Was will da ein Seelsorger noch erwidern? Soll er selbstzerknirscht an seine Brust klopfen und sich zu den Fehlern der Kirche bekennen? Nein, damit erreicht er nichts. Der Gegenüber freut sich lediglich bei dem Gedanken: „Den hab ich kleingekriegt!" Der Seelsorger kann ihm widersprechen; doch jeder weiß, dieses Gespräch gelangt vom Hundersten ins Tausendste. Einzig richtig wäre es, dem anderen seine selbstherrliche Argumentation entgegen zu halten. Doch dieses Gespräch endet im Streit – und damit ist nichts, rein gar nichts gewonnen!

Der Kirchenaustritt ganz im Stillen mag zwar der persönlichen Entscheidungsfreiheit entgegen kommen, doch er hat auch seine Nachteile. In einer modernen Welt, wo Menschen sehr oft die Wohnung oder gar noch das Land wechseln, tun sich die kirchlichen Behörden schwer, nachzuverfolgen, wer, wann, wo seinen Austritt aus der Katholischen Kirche erklärt hat. Natürlich wird bei der Anmeldung zur Eheschließung oder zur Taufe eines Kindes nach der Konfession der Eltern gefragt. Für die Paten werden heutzutage sogar schriftliche Bestätigungen verlangt. Im Grunde richtig, doch auch sehr aufwändig. Dennoch kommt es immer wieder vor, dass die Meldungen irgendwo verloren gehen. In Ländern, die keine Kirchensteuer nach dem deutschen System kennen, erfolgen praktisch keine formellen Kirchenaustritte. Die Betreffenden bleiben einfach der Kirche fern. Doch wenn eine Taufe, eine Hochzeit oder eine Beerdigung ansteht, präsentiert man sich kirchentreu. Ein jeder Pfarrer kennt Beispiele solcher Art.

Ich habe einen Fall in Erinnerung, wo ein junger Arbeiter beim Sturz vom Gerüst tödlich verunglückte. Er war unverheiratet, der Bruder, auch Mitinhaber des Betriebs, besprach mit mir die Begräbnisfeier. Für ihn war selbstverständlich, dass der verstorbene Bruder der katholischen Kirche angehörte. Doch zwei Tage später – kurz vor der Beerdigung – wurde festgestellt, dass der Verstorbene vor drei Jahren aus der Kirche ausgetreten war – selbstredend ohne seine nächsten Verwandten vom Vorgang zu unterrichten. Wer legt schon seinem Bruder ohne Grund seine Lohnsteuerkarte vor! Nun, ich habe aus menschlicher Rücksichtnahme die Beerdigung gehalten, was sicher richtig war. Andernfalls werden ja vor allem die Angehörigen „bestraft"! Wir wissen, Gott weiß es besser. Seine Barmherzigkeit ist auch weit größer.

Es wurde schon oft darüber diskutiert, ob ein Austritt aus der Kirche nicht besser vor dem Pfarrer oder dem Pfarramt erfolgen sollte. Es wäre im Grunde einleuchtend, dass man sich dort abmeldet, wo auch die Zugehörigkeit gemeldet ist. Die Pfarrämter müssten freilich diese Abmeldungen sorgsam verwalten und exakt an die staatlichen Behörden weitermelden. Ich persönlich würde – beim allem Aufwand – dieses Vorgehen befürworten. Aber ich weiß, wie schwierig, ja fast unmöglich dieses Ansinnen ist. An den oben genannten Schwierigkeiten würde sich ohnedies kaum etwas ändern.

Im Hinblick auf die Eheschließungen und deren Vorbereitung kann und möchte ich einfach wiedergeben, was auch die meisten Seelsorgsstellen hervorheben.

Die Ehevorbereitung bzw. das erste Gespräch mit dem jungen Paar sollte möglichst frühzeitig anberaumt werden. Ohnedies planen viele Paare ihre Hochzeit schon Monate, ja zum Teil ein Jahr vorher, wobei deutlich wird, dass die äußere Feier den meisten viel wichtiger ist als die kirchliche Feier. Ein frühzeitiges Gespräch mit dem Seelsorger mag am ehesten helfen, dem Paar das Verständnis für die religiöse Dimension eines Ehebundes zu eröffnen. Ehe bedeutet ein Eins-Werden zwischen Mann und Frau, ähnlich dem Eins-Werden des Menschen mit Gott im Sakrament. Die Ehevorbereitungsseminare, die landauf landab durch die Seelsorgeämter angeboten werden, leisten hierbei einen wertvollen Dienst.

Die Ehe ist ein weltlich Ding, soll Martin Luther einmal gesagt haben. Christliche Eheleute müssen ihren Bund zweimal schließen: vor dem Standesamt und vor der Kirche. Doch bei der Hinführung junger Menschen zu Ehe und Familie gehen Staat und Kirche nicht Hand in Hand. Denn der Staat schützt zwar gemäß dem Grundgesetz Art. 6 Ehe und Familie, doch er anerkennt auch Lebenspartnerschaften ohne Trauschein sowie gleichgeschlechtliche Verbindungen. Im Verständnis dessen, was Sinn und Mitte des Ehebundes sind, liegen die Vorstellungen von Staat und Kirche also keineswegs parallel. Wenn ein Seelsorger also jungen Menschen den Wert der Ehe erläutern will, muss er die christlich-religiöse Bedeutung des Bundes auf Lebenszeit hervorheben, die über die landläufigen Vorstellungen von Ehe und Familie hinausgehen. Alle christlichen Ehepaare müssen zwar vor dem Standesamt ihren Bund bekräftigen. Das Geschehen beim Standesamt stützt freilich nur bedingt den Ehebund, der vor der Kirche geschlossen wird.

Selbstverständlich gibt es große Unterschiede. Paare, die immer einen Kontakt zum kirchlichen Leben pflegten, gehen an ihre Eheschließung viel mehr im religiösen Geist heran. Andere sehen in der kirchlichen Feier einen weiteren stimmungsvollen Höhepunkt ihres gemeinsamen Festtages. Besondere Herausforderungen stellen konfessions- und religionsverschiedene Paare dar. Für den Seelsorger ist es nicht einfach, all den verschiedenen Erwartungen zu entsprechen. Doch es ist auch eine große Chance, manchen Kirchenfremden Kernpunkte des christlichen Glaubens zu vermitteln. Erwähnen möchte ich übrigens, dass heutzutage wohl bei jedem zweiten Brautpaar erforderlich ist, das Kirchenrechtsreferat der Diözese, um Erlaubnis – das „Nihil obstat" – anzugehen. Ich möchte freilich betonen, dass die dortigen Mitarbeiter stets sehr hilfbereit waren und zügig die Anfragen erledigten.

Alle Seelsorger kennen auch die Schwierigkeiten, beim Gottesdienst zur Trauung den verschiedenen musikalischen Wünschen gerecht zu werden. Wenn der Geistliche streng auf christlich-musikalische Literatur besteht, macht er sich schnell Feinde. Wenn er die Augen zu oft zudrückt, wird manches, was von der Empore geboten wird, zur seichten Alltagsmusik. Auch hier gilt der Grundsatz: Klug und überlegt agieren!

Viele Seelsorger schmunzeln über den Wunsch, der heutzutage immer öfter vorgetragen wird, nämlich dass die Braut vom Vater an den Traualtar geführt werden möchte, obwohl die meisten Paare schon vor dem Fest eine gemeinsame Wohnung bezogen haben. Man muss auch erkennen, dass Fernsehen, Medien sowie große Kaufhausketten Brautleute intensiv beeinflussen und ihnen vielerlei Rituale und Ausstattungsgegenstände aufdrängen. Dagegen sind Seelsorger machtlos. Klug ist es auch, das Agieren von Fotografen und Hobbyfilmern einzuschränken.

Ich gebe zu, dass ich die meisten der Paare, die ich getraut habe, später niemals mehr traf. Ein Manko. Natürlich wäre denkbar, allen Paaren nach etwa drei Monaten einen kurzen Gruß zu schreiben. Wenn er freilich nur formal abgefasst ist, dürfte die Wirkung gering sein. Jeder Seelsorger freut sich, wenn er das Paar hin und wieder unter der Gottesdienstgemeinde entdeckt oder vielleicht nach etwa einem Jahr zur Taufe gerufen wird. Doch das sind eher Ausnahmen.

Betreffend Krankenkommunion und Krankensalbung beschränke ich mich hier auf den Hinweis, wie hilfreich mir dabei das „Kleine Rituale" (für besondere pastorale Situationen), war, erschienen 1980 bei Benziger und bei Herder. Es wäre dringend nötig, eine Neuauflage herauszubringen – gewiss mit ein paar Neuerungen. Doch die Handlichkeit dieses Büchleins, das in jeder Jackentasche Platz fand, war einfach famos. Wer will jeweils schon eine ganze „Bibliothek" zu den Kranken mitbringen!

Im erwähne in diesem Kapitel auch die Beerdigungen – wohl wissend, dass sie kein Sakrament sind, dennoch eine wichtige Segenshandlung und ein Zeichen der Ehrerbietung darstellen gegenüber einem Mitmenschen, dessen Leben mit allen Sorgen und Mühen nun ein Ende gefunden hat. Jeder Seelsorger – gleich ob in der Großstadt, in einem Mittelzentrum oder auf einem Dorf – weiß, dass diese Aufgaben ihn manchmal fast „erdrücken". An meiner ersten Kaplanstelle in München-Giesing hatten wir zu dritt an die 300 Beerdigungen im Jahr zu halten, manchmal 4 oder 5 an einem Tag, meist auch auf verschiedenen Friedhöfen der Stadt. Die Aussegnungshallen an den Friedhöfen waren kalt und unfreundlich. Wegen der zeitlich engen Taktfolge mussten die Ansprachen immer am Grab gehalten werden, auch wenn es stürmte, regnete oder schneite. Oft wussten wir Kapläne nichts Näheres über die verstorbene Person, konnten lediglich allgemeine Gedenkworte am Grab sprechen. Wir jungen Seelsorger waren sehr unzufrieden mit dieser Situation. Wir wunderten uns manchmal, dass unser Dienst dennoch gewünscht und manchmal sogar gelobt wurde.

In der Großstadt München war es auch schwierig, einen Totengedenkgottesdienst unmittelbar vor oder nach einer Beerdigung anzusetzen. Denn die Terminangaben kamen ohne eine weitere Absprache direkt vom Bestattungsdienst. Meist wurde das Gedenken in eine Frühmesse um 8.00 Uhr, eventuell sogar schon um 7.00 Uhr aufgenommen, was wenig befriedigte. Die Teilnahme von Angehörigen war sehr gering.

Als ich Ende 1983 Pfarrer wurde, hatte ich mir fest vorgenommen, meine Dienste bei Sterbefällen sorgfältiger zu planen und zu organisieren. Ich drängte die Angehörigen zu einem Gespräch vorher oder machte vorab einen Besuch bei ihnen. Auch Glaubensfernen empfahl ich die Feier einer hl. Messe – wenn nötig auch ohne Gebühren. Bei den Begräbnisfeiern selbst versuchte ich meine Worte so gezielt wie möglich zu setzen und war bemüht, das Leben des Verstorbenen in ein paar persönlichen Gedanken zu würdigen. Im allgemeinen hatte ich jährlich so etwa 50, manchmal sogar 70 und mehr Beerdigungen zu halten. In Prien, meiner letzten Station, waren es manchmal sogar über 100: Eine Aufgabe, die mich massiv in Anspruch nahm. Manchmal fragte ich mich: Lohnt sich dieser Einsatz für die Toten? Doch ich weiß, mein Dienst galt nicht allein dem Toten; ich habe ihn auch für die Lebenden getan. Und man darf nie vergessen: Mit den Worten am Grab erreicht man viele, die jahrein jahraus nie die Kirche besuchen.

Bei den Beerdigungen zeigt sich übrigens ein großer Unterschied zwischen einer Großstadt wie München und Dörfern oder Mittelzentren wie in Prien und Umgebung. In Prien wünschten fast alle Angehörigen eine hl. Messe. Selbst wenn nur eine Wort-Gottes-Feier angesetzt war, fand diese meist im Gotteshaus statt, das ganz in der Nähe des Friedhofs lag. Die Feier wurde musikalisch mit Orgelspiel und Gemeindeliedern – zum Teil auch mit Solisten – ausgeschmückt.

Auf den Dörfern stand zu meinem großen Erstaunen fast jedesmal ein kleiner Chor zur Verfügung. Nicht selten war die versammelte Gemeinde zahlreicher als an manchen Sonntagsgottesdiensten. Ein würdiges Begräbnis einem Mitmenschen zu bereiten, gehörte einfach zum „Ethos" einer Dorfgemeinde. Ich halte dies für einen höchst anerkennenswerten Brauch. Ich habe dort auch nie ein Begräbnis ohne Trauergemeinde erlebt. In der Großstadt München freilich schon.

Gerade wenn man den Sakramentendienst eines Priester betrachtet, so lohnt es sich, der Frage nachzugehen: Wie hat sich die Arbeit und der Zeitaufwand für die Priester und besonders für die amtierenden Pfarrer seit der Zeit des 2. Vatikanischen Konzils verändert? Ich hatte bereits erwähnt, dass in den Jahren vor und nach dem 2. Weltkrieg der Schuldienst, sprich die Erteilung des Religionsunterrichts, Pfarrer und Kapläne wesentlich mehr in Anspruch nahm als heute. In jenen Jahren mussten die Geistlichen auch viel mehr Zeit in den Beichtstühlen aufwenden, wenn in großen Pfarrkirchen noch Hunderte geduldig anstanden und um Vergebung ihrer Sünden baten. Vielfältiger war auch das Vereinsleben. Die Betreuung der Jugendgruppen, die Einzelseelsorge mit Krankenbesuchen und Krankenkommunion war viel mehr gefragt als heute. Außerdem darf nicht vergessen werden, dass viele Arbeiten mit der Hand oder eben mit dem Federhalter erledigt werden mussten, weil es noch keine Computer, keine Kopierer und ähnliche Hilfsmittel gab.

Anderseits muss man freilich die heutige Belastung des pastoralen Teams und dabei besonders des Pfarrers nüchtern ins Auge fassen. Die Vorbereitung zu Taufe, Erstkommunion und Firmung ist wesentlich anspruchsvoller. Dabei unterstützen heutzutage Mitarbeiter der verschiedenen pastoralen Berufe. Doch es fehlen meist die Kapläne. Auch die Öffentlichkeitsarbeit mit Gottesdienstanzeiger, Pfarrbrief und mehr verlangt viel Einsatz der Seelsorger. Insgesamt tut man gut daran, anzuerkennen, dass die Belastung der Seelsorger zu allen Zeiten sehr hoch war – vor fünfzig oder mehr Jahren ebenso wie heute.

10. Pfarrei und öffentliches Leben

Einem jungen Pfarrer möchte ich zum Start zurufen: Mach dir klar, dass das öffentliche Leben dein Arbeiten mehr beeinflusst, als du denkst! Mir persönlich war dies anfangs nicht bewusst. Ich war – noch etwas naiv – der Überzeugung, dass ich an einer sehr bekannten, schönen Kirche mit historischer Bedeutung arbeiten darf. Und das werden die Menschen aufmerksam beobachten. Darum war es mein Bemühen, das Evangelium so lebendig wie mir möglich zu den Menschen, in die Umgebung, in die Öffentlichkeit, ja in die Stadt hinauszutragen. Diese Erwartung war deutlich überzogen. Ein Pfarrer in der Großstadt bedeutet nicht viel. Er kann noch so originell und überzeugend predigen. Er wird nur bei wenigen Widerhall finden.

Natürlich ist in unserem Land die Religionsfreiheit garantiert. Niemand drängt dem Pfarrer auf, was er zu predigen habe, weder ein Bürgermeister, ein Stadtdirektor, ein Schulrektor, ein Gastwirt oder ein Fabrikant. Doch sobald der Pfarrer mit einer Aktion aus dem Kirchenraum heraustritt, muss er sich an die Bestimmungen der öffentlichen Ordnung halten. Ein kleines Fest im Freien muss vorher angemeldet sein. Eventuell fallen Gebühren an. Wenn eine Musik vom Band läuft, meldet sich die GEMA. Und natürlich muss die Sicherheit gewährleistet werden, z.B. bei einem Johannisfeuer. Doch all diese Bestimmungen werden bei einem geübten Seelsorgerteam und einem tüchtigen Festausschuss bald zur Routine. Es ist auch gut, dass heutzutage fast jede Pfarrgemeinde ein Pfarrheim sein eigen nennt, wo die unterschiedlichsten Veranstaltungen ohne weitere Formalität stattfinden können.

Anders ist es, wenn das öffentliche Leben fast ganz an die Kirchenmauern heranrückt; wenn etwa während der Woche alle Parkplätze rund um das Kirchenzentrum belegt sind, wenn der öffentliche Raum vor der Kirche intensiv für Veranstaltungen genutzt wird wie eine Dult, ein Wochenmarkt, ein Flohmarkt, ein Christkindlmarkt und anderes mehr. Schneller als gedacht, ist hierbei eine Entscheidung der Pfarrei gefragt. Ein Seelsorger, vielleicht erst seit kurzem im Amt, ist hier schnell überfordert. Er kann sich glücklich preisen, wenn er kompetente Ratgeber hat, die wissen, wo und wie solche Veranstaltungen geplant und genehmigt werden, wo man Rückfragen einbringen kann, wann oder wie man Einspruch erheben muss. Ganz plötzlich kann es geschehen, dass der Pfarrer oder der Kirchenpfleger im öffentlichen Kreuzfeuer stehen, wenn sie die Interessen der Kirchenstiftung vertreten.

Rückblickend auf meine Zeit als Pfarrer möchte ich allen Kollegen folgende Ratschläge mit auf den Weg geben:

- Um auf dem öffentlichen Parkett geschickt zu agieren, braucht es Erfahrung, kluge Beratung und auch etwas „Begabung" für den Auftritt in der großen Öffentlichkeit. Schnell wächst im engeren Pfarrkreis eine strikte Abwehrhaltung heran: „Das lassen wir uns nicht gefallen!" usw. Doch nur bei ganz gravierenden Beschränkungen des kirchlichen Lebens hilft eine solche rigide Ablehnung weiter.
- Man sollte die Regelungen und Entwicklungen des öffentlichen Lebens kennen. Dieses wird heute aus einem ganz bunten Geflecht von Interessen, Firmen, Lobbyisten und Managern vorangetrieben. Selbst eine gut aufgestellte Kommunalverwaltung hat es schwer, mit klaren Regeln für Ordnung zu sorgen.
- Es ist wichtig in Erfahrung zu bringen, wer und mit welchen Interessen hinter einer Aktion oder Veranstaltung steht. Außerdem ist es gut zu wissen, wie die verschiedenen Parteien zur Sache stehen.
- Es braucht „Bundesgenossen". Im Geflecht der modernen Gesellschaft erreicht ein Einzelner kaum etwas. Ein Anliegen sollte unbedingt von mehreren Personen oder Gruppen vorgebracht werden.

Aus dem Gesagten ergeben sich für die Seelsorger – auch für die Gremien der Pfarrei – folgende Notwendigkeiten und Aufgaben:
- Es ist wichtig zu erfahren: Wer kennt die Geschäftswelt des Orts, der Stadt oder des Stadtteils? Wer beeinflusst das öffentliche Leben etwa durch sein erfolgreiches Unternehmen? Wo arbeiten die Menschen? Wo erledigen sie ihre Geschäfte?
- Ebenso wichtig: Wo sind die Probleme des Orts, der Stadt oder des Stadtteils? Woher rühren sie? Was wird bislang unternommen, um diese Probleme in den Griff zu bekommen?
- Wie steht es um die politische Struktur? Welche Parteien geben den Ton an? Wie stehen deren Mitglieder zur Kirche?
- Welche Vereine, Organisationen, Interessenverbände sind aktiv?

Ich gebe zu, trotz 13-jähriger Tätigkeit als Seelsorger in der Landeshauptstadt München sind mir viele dieser Zusammenhänge fremd geblieben. Neben ein paar „Erfolgen" habe ich auch ein paar „bittere Niederlagen" einstecken müssen, wobei mir rückblickend klar geworden ist, dass ich von dem großen Interessengeflecht viel zu wenig Ahnung hatte. Ähnliches gilt auch für Personen, die mir Beistand leisteten.

Das Parteienspektrum in unserem Land ist noch viel bunter, undurchsichtiger und schillernder geworden. An einzelnen Orten ringen oft verschiedene Bürgerbewegungen um die Vorherrschaft, wobei niemand so genau weiß, wofür diese stehen. Hier scheint mir kluge Distanz für einen Seelsorger geboten. In vielen Parteien finden sich überzeugte Demokraten, die mit Sorgfalt und Energie für die Rechte der Bürger eintreten. Doch es gibt in fast jeder Partei auch ziemlich konträre Positionen. So zeigt sich, dass selbst krisenfeste Frauen und Männer innerhalb ihrer Parteien im einen oder anderen Konflikt massiv für ihre Überzeugung einstehen müssen, zuweilen gar im Meinungsstreit unterliegen. Bedauerlich ist ferner, dass politische Zielsetzungen oft flüchtig erhobenen Meinungsumfragen untergeordnet werden, ein Trend, dem sich niemand mehr entziehen kann. Schnell wird spürbar: Die Kirche muss für ihre Grundsätze einstehen. Sie muss ihre Grundsätze in die politische Diskussion einbringen. Und wenn sie auf Widerspruch stößt oder Niederlagen einfährt, darf sie sich dadurch nicht irre machen lassen. Die Kirche lebt – auch in der Niederlage.

Doch das öffentliche Leben besteht nicht allein aus Politik. Zum Beispiel hat sich ein großer Freizeitsektor seit den 60er-Jahren breit gemacht. Ein Großteil der Bevölkerung verbringt pro Woche zwanzig und mehr Stunden vor dem Fernseher, bei Partys, beim Wandern, beim Sport, im Kino, bei Theater und Comedy, auf Fahrten, bei verschiedensten Hobbys. Die Frage: „Bleibt denn da keine Zeit für einen Gottesdienst am Sonntag?" geht völlig ins Leere. Denn ein Gottesdienstbesuch ist keine Erholung, keine Freizeit. Er will die Teilnehmer mitnehmen in die Welt des Geistes Christi. Das muss man wollen! Das geht nicht vom Sofa aus!

Wir Seelsorger müssen zugeben: Wir haben auf vielfältigste Weise versucht, diese weitläufige Welt von Erholung und Freizeit in unsere Pfarreien hereinzuholen. Wir veranstalten Pfarrfeste, Pfarrkino, Wanderungen, Wallfahrten, Ministrantenturniere, Familiennachmittage, Faschingsbälle und vieles andere mehr, manchmal mit großem Erfolg – und das nicht nur finanziell, sondern gerade auch menschlich betrachtet – manchmal mit wenig Zuspruch. Grundsätzlich ist richtig: Man muss die Menschen dort abholen, wo sie leben, wo ihr Herz schlägt. Wahr ist, dass aus solchen Ereignissen zuweilen eine Art „Kerngemeinde" erwächst, auf die ein Pfarrer bei anderer Gelegenheit zählen kann. Toll, wenn die Aktiven eines Festes am Sonntag danach wieder beim Gottesdienst erscheinen. Viele Seelsorger haben auf Pilgerreisen, bei Wallfahrten oder Pfarrfesten wichtige Kontakte geknüpft. Andere Geistliche engagieren sich bei der Dorfmusik, bei Sport-, Trachten- oder Schützenvereinen. Die Leute spüren schnell, ob der Pfarrer nur so mitläuft, gleichsam um „Schäflein" zu finden, oder ob er mit „Leib und Seele" dabei ist. Hier zeigt sich: Die Leute wollen angenommen sein, wie sie sind! Da muss jeder Seelsorger seinen Weg zu den Menschen suchen und finden!

Doch ein ganz wichtiges Moment gilt es bei diesen Überlegungen zu bedenken: All diese Dinge, die die Leute in ihrer Freizeit machen – so schön und sinnvoll sie auch sein mögen – sie nehmen viel Zeit in Anspruch. Ein Pfarrer, ein Kaplan, ein Diakon, ein Gemeinde- bzw. Pastoralreferent/-in sich werden nur sehr eingeschränkt in derartige Freizeitunternehmungen einbringen können. Gewiss, es hat immer schon Priester gegeben, die sich für eine Musikkapelle oder ein Orchester engagierten. Ein anderer mag es mit einer Theatergruppe oder Theateraufführungen versuchen. Wieder einer spezialisiert sich auf Kunst und sammelt Interessierte um sich, unternimmt mit ihnen Besichtigungstouren. Ein weiterer mag es mit aktivem Sport versuchen, wobei mit forschreitendem Alter hier Grenzen gesetzt sind. Die Zeiten, da ein Pfarrer ein anerkannter Bienen- oder Apfelzüchter war, da ein Pater eine Eishockey-Nationalmannschaft betreute oder junge Menschen im Ringen oder Boxen trainierte: ja die Zeiten sind vorbei.

Es gilt auch ein Zweites im Auge zu behalten. Ein Seelsorger findet im Allgemeinen schnell offene Türen bei einem bayerischen Trachten- oder Heimatverein. Christentum gehört hier zur festen Tradition. Bei vielen Mitgliedern gilt dies nicht nur äußerlich. Die Offenheit für die Kirche kommt oft aus tiefer Überzeugung. Große Aufgeschlossenheit für alles Religiöse findet man in Chören und in Musikkapellen. Es gibt einfach viele Querverbindungen zwischen Religion und Musik. Hin und wieder sind diese Gruppen auch bereit, bei einem Gottesdienst oder einer Andacht in der Kirche mitzuwirken. Ein Priester, der Kontakt sucht zu einem Schützen- oder Sportverein, wird wohl auf unterschiedliche Stimmungen stoßen. So lange der „geistliche Gast" einfach Interesse am Vereinsgeschehen zeigt, ist er willkommen. Wenn er mitmacht – beim Schießen, beim Gruppensport, beim fröhlichen Beisammensein – wird er auf viel Zuspruch stoßen. Es heißt dann: Endlich ein „aufgeschlossener"

Seelsorger, der voll im Leben steht. Wenn dann Vereinsmitglieder gelegentlich um einen persönlichen Rat bitten oder sich dazu entschließen, ihr Kind taufen zu lassen bzw. die Ehe nicht nur standesamtlich, sondern auch kirchlich zu schließen, dann mag sicher im Sinne der Seelsorge etwas gewonnen sein.

Am meisten sichtbar werden solche Beziehungen oder Verbindungen, wenn Gruppen oder Vereine anlässlich eines Jubiläums um einen Festgottesdienst in der Kirche oder im Freien bitten. Vielfach habe ich erlebt, dass die Mitglieder gerne auch zur Gestaltung beitragen und sich mit viel Engagement dafür einsetzen, dass die Feier einen würdigen und geschlossenen Rahmen erhält. Es macht auch Sinn, wenn diese Feiern in ökumenischer Form gehalten werden. Schließlich gehören viele Mitglieder unterschiedlichen Kirchen oder Glaubensgemeinschaften an. Darauf sollte man Rücksicht nehmen.

Anders sieht die Sache aus, wenn es um viele weitere Gruppen, Interessenverbände und Einrichtungen geht. Mancher Priester mag Mitglied beim ADAC sein. Gerade in der Großstadt sind die Verbindungen zur Geschäftswelt, zu den Gaststätten oder Gaststättenverband, zu Handelskammer oder Bankengenossenschaften eher spärlich. Es mag ja auch angehen, wenn ein Pfarrer zur Einweihung einer Bankfiliale oder einer neuen Geschäftsniederlassung eingeladen wird. Doch er darf oder sollte sich nicht zu leicht vereinnahmen lassen. Die moderne Welt ist vielfältig. Sie geht ihren Weg nach eigenen Regeln. Kirche muss erkennen, dass sie in vielem beiseite treten muss. Die Chance des Glaubens liegt auf einer anderen Ebene, etwa wenn man auf Frage stößt wie: Hat unsere Gesellschaft alles im Griff? Baut sie diese Welt auf – oder zerstört sie diese? Oder gibt es doch etwas Größeres, Bleibendes, was Zukunft gewährt? Diese Fragen werden im Alltag oft nicht gestellt, doch sie begleiten uns immerzu.

Hans Heigert, ein angesehener Journalist der Süddeutschen Zeitung (+ 2007), stellte vor über 40 Jahren einmal auf einer Jugendseelsorgertagung die Frage: Welcher Kaplan, welcher Jugendseelsorger ist bereit und begibt sich zu einer Versammlung der Jungen Union, der Jungsozialisten oder anderer Jugendverbände der Parteien? Welcher Seelsorger ist bereit, sich dort zu Wort zu melden und seine Meinung zu Gehör zu bringen? Man könnte auch fragen: Welcher Seelsorger begibt sich zu einer Gewerkschaftsversammlung? Wo sind Vertreter der Kirche, wenn es um Aktionen für Abrüstung und gegen Atomwaffen, um den Schutz der Natur oder der Tierwelt, wenn es um fairen Welthandel oder um Mindestlohn geht? Die meisten Anliegen all dieser Vereinigungen sind uns Christen nicht fremd. Im Gegenteil: Auch wir Christen, wir Katholiken hoffen auf eine Welt ohne Waffen; wir wollen, dass es gerecht auf dieser Welt zugeht; wir wollen diese unsere Erde schützen und erhalten und alles Leben auf ihr. Es erwartet gewiss auch niemand, dass ein Pfarrer alles weiß oder bei dortigen Veranstaltungen den Menschen nur nach dem Mund redet. Doch an solcher Stätte die christliche Überzeugung zu vertreten, braucht Mut – und auch Geschick – in der Wahl der Worte und der Argumente.

Nun muss ich einschränken. In unserer Zeit gibt es natürlich viele Foren oder Gesprächsrunden zu den unterschiedlichsten Themen des modernen Lebens, ganz besonders in den katholischen Akademien und Bildungszentren. Auf vielen Gebieten, die heftig im aktuellen Geschehen diskutiert werden, gibt es Fachleute – meist keine Theologen – die aber die Meinung der Kirche sehr wohl zu Gehör bringen. Und es gilt der Grundsatz, den man nicht deutlich genug hervorheben sollte: Auf viele Fragen unserer Welt von heute weiß auch die Bibel keine Antwort. Vor vielen Problemen ist auch die Kirche ratlos. Gewiss stehen für einen Christen die Einzigartigkeit eines jeden Menschen und das Wunderbare unserer Schöpfung nicht zu Debatte. Daraus lässt sich vieles folgern, was auch unser modernes Leben und Handeln betrifft. Doch bei den meisten Problemen hakt es an Details, in vielem liegen Lösungen nicht einfach parat. Man denke nur an Fragen des Klimaschutzes, der künftigen Energieversorgung, der Frage nach gerechten Löhnen für alle, nach einer gerechten Welt. Überall dort gibt es keine einfachen Lösungen. Die Kirche muss ermutigen, nach gerechten und sachgerechten Lösungen zu suchen. Die Kirche muss warnen, wenn sie erkennt, wie unveräußerliche Rechte von Menschen eingeschränkt werden. Die Kirche muss auch Hoffnung vermitteln, denn nicht der Mensch wird die Welt retten, sondern letztlich nur Gott.

Mir ist freilich wichtig, noch einmal zurückzukehren zum Dienst und zum Auftrag eines Seelsorgers oder eines Pfarrers. Ein Priester ist in erster Linie Zeuge Jesu Christi. Er hat die Aufgabe, seine Botschaft lebensnah und lebendig zu vermitteln. Ein Pfarrer ist für die Menschen seiner Gemeinde bestellt. Er hat den Auftrag, den Glauben, der in den Menschen schon lebt, zu wecken, weiter zu entfalten und wirksam werden zu lassen in deren Alltag. Es ist wichtig, dass man einen Pfarrer in seiner Kirche erlebt – nicht nur beim Gottesdienst, sondern auch bei einer Andacht oder im persönlichen Gebet. Doch die Botschaft, die er verkündet, muss er auch hinaustragen in die Lebenswelt seiner Pfarrangehörigen, seiner Mitmenschen. Das ist nicht einfach – und im Letzten eine immense Überforderung. Im Endeffekt zählen mehr die persönliche Überzeugung und Lebensweise eines Pfarrers als viele Worte. Die Leute achten auch sehr genau, wie der Pfarrer zu dem steht, was er sagt, ob er die Sorgen und Probleme der Menschen in seiner Gemeinde auch wirklich wahrnimmt. Ein Pfarrer muss ein „Herz" haben für die ihm anvertrauten Menschen oder wie Papst Franziskus es treffend formuliert hat: Er muss den „Geruch" der Schafe annehmen.

11. Pfarrei und Ökumene vor Ort

Über hundert Jahre alt ist die ökumenische Bewegung. Man kann sie mit gutem Recht als den Fingerzeig des hl. Geistes für unsere moderne Zeit bezeichnen. Für die katholische Kirche riss das 2. Vatikanische Konzil so manche Mauern an Vorurteilen ein, öffnete Türen und Fenster für die „anderen", die mit uns an Christus glauben und nannte sie Brüder und Schwestern. Ganz besonders galt dies für die Kirchen der Orthodoxie, ebenso für die Kirchen der Reformation. Die Aufgabe ist riesengroß, wenn man allein bedenkt, dass der Weltkirchenrat mehr als 300 Kirchen und kirchliche Gemeinschaften zählt. Für uns in Deutschland ist und bleibt dennoch die Zusammenarbeit mit der evangelischen Kirche das A und O der Ökumene.

Wer in den 80er-Jahren in München als Pfarrer seinen Dienst antrat, brauchte natürlich nicht bei Punkt Null beginnen. Gerade Kardinal Döpfner war zu einem wichtigen Förderer der Ökumene in Deutschland geworden und hat zusammen mit dem Ratvorsitzenden der EKD wiederholt eindrucksvolle Gottesdienste gefeiert. Viele katholische und evangelische Gemeinden pflegten Partnerschaften, tauschten Informationen aus und feierten gemeinsam Andachten und Gottesdienste. Ich muss allerdings einschränken. In meiner ersten Pfarrgemeinde war es recht „still" auf diesem Gebiet. Ich weiß nicht genau warum. Wahr ist, dass es deutlich mehr katholische als evangelische Gemeinden in München gibt, so dass nicht jede katholische Pfarrei eine evangelische Partnergemeinde finden konnte.

Für mich war ein guter Einstieg die gemeinsame Vorbereitung von Schulgottesdiensten, die zu allermeist in ökumenischer Form gehalten wurden. Dann aber auch das evangelische Programm einer „Friedensdekade" im November. In den evangelischen Nachbargemeinden in Ramersdorf war die Idee entstanden, am Vorabend des Buß- und Bettages einen Friedensweg zu veranstalten, der zu den fünf Ramersdorfer Kirchen führte, wo jeweils eine Andacht vorbereitet und gehalten wurde. Der Weg führte also zu zwei protestantischen und drei katholischen Gemeinden jeweils im Wechsel. Am Ende traf man sich in einem Gemeindezentrum, um sich nach drei Stunden im kalten Novemberwetter bei einer Tasse heißem Tee und etwas Brotzeit wieder aufzuwärmen. Es war anregend, die Vielfalt der einzelnen Gebetsstationen mitzuerleben. Alle spürten, das Gebet muss uns zusammenführen angesichts einer Welt voller Zwistigkeiten, Konflikte und vieler kriegerischer Auseinandersetzungen.

Um zu echter ökumenischer Zusammenarbeit zu finden, braucht es Zeit, um hineinzuhören, hineinzufühlen in das, was die Christen der anderen Konfession in ihrem Glauben festhält, was sie im Innern berührt, was sie an ihrer Tradition und Liturgie schätzen. Ich habe den Eindruck gewonnen, am besten finden sich evangelische und katholische Pfarrer zusammen, wenn jeder spürt, der andere ist mit Leib und Seele in seiner Kirche daheim. Er weiß seinen Glauben zu schätzen und zu lieben. Dann fällt es nicht schwer anzuerkennen: Der andere darf und soll ganz zu seinem Bekenntnis stehen; er darf und soll z.B. protestantische Positionen vertreten und verteidigen.

Insofern habe ich als notwendig und richtig erkannt, einen ökumenischen Arbeitskreis in den jeweiligen Gemeinden zusammenzuführen, in denen gemeinsam gebetet wird, bei denen Texte der hl. Schrift gemeinsam gelesen werden. Hier kann man sich gut austauschen im Verständnis der hl. Schrift. Hier spürt man bald, dass im Grund genommen wir Christen der verschiedenen Kirchen das Gleiche wollen und suchen: nämlich die Einheit.

Ein ökumenischer Geist hat etwas Ansteckendes. In allen Gemeinden, wo ich tätig war, konnte man erleben, wie schnell man im öffentlichen Lebens, besonders bei Journalisten und Zeitungsredakteuren, hellhörig wurde, wenn man von ökumenischen Unternehmungen erfuhr. Wenn maßgebliche Leute wissen, dass die Seelsorger der beiden Kirchen sich verstehen und sich gerne für eine gemeinsame Sache zusammentun, dann flattern bald Einladungen daher zu Segnungen von öffentlichen Gebäuden, sozialen Einrichtungen, zu Brückenbauten oder auch zu Freizeiteinrichtungen. Gerade auch in tragischen Situationen, bei Katastrophen, Unglücksfällen und anderem mehr erwartet man ein gemeinsames Gebet der Kirchen. In der Öffentlichkeit ist schnell zu spüren: Die Menschen sehnen sich nach Einheit der Kirchen. Man glaubt, die Trennungen der Reformationszeit könnten doch längst überwunden sein. „Reißt die noch trennenden Mauern nieder und macht eine Sache!" diesen Aufruf hört man allenthalben.

Aus diesem Geist ökumenischer Verbundenheit konnte ich zusammen mit der evangelischen Gemeinde verschiedene herausragende Feierlichkeiten erleben, bei einem Ortsjubiläum, bei einem Fest der örtlichen Feuerwehr oder einfach bei einem frohen Gemeindefest im Ortszentrum. Es versteht sich: Wir hielten zu diesen Anlässen eine gemeinsame Wort-Gottes-Feier, keine Eucharistiefeier. Mal hielt der eine, beim nächsten Mal der andere die Predigt. Hin und wieder wagten wir sogar eine Dialogpredigt. Rückblickend möchte ich allen Verantwortlichen der Diözese, ja letztlich allen Bischöfen ans Herz legen: Legt den Bitten nach ökumenischen Gottesdiensten – auch am Sonntagvormittag – keine Fesseln an. Die Vorschrift, zuvor müsse aber den Gläubigen die Möglichkeit einer hl. Messe gewährt werden, hinterlässt stets den Eindruck der Kleingeisterei. Es ist für die Sache keineswegs von Vorteil, wenn ein ökumenischer Gottesdienst erst um 11.00 Uhr beginnen kann, wenn schon viel vom Budenzauber, von Würst- und Getränkeständen bereits angelaufen ist oder wenn gar die Bierkrüge auf den Tischen stehen. Man muss den Gottesdienst zum richtigen Zeitpunkt anberaumen, am besten gleich am Beginn eines Festes!

An meiner letzten Gemeinde in Prien hatte ich erlebt, wie wichtig es sein kann, im engen Kontakt mit der evangelischen Nachbargemeinde zu stehen. Für mich völlig überraschend war ein Zwist entstanden, als im örtlichen Gemeindeamt ein Antrag auf die Errichtung eines Friedwalds einging. Zwei katholische Vertreter im Gemeinderat wandten sich strikt dagegen, weil so eine Einrichtung in den christlich geprägten Chiemgau nicht passe. Sie baten mich als ihren Seelsorger um theologische Unterstützung. Mein evangelischer Kollege hatte von dem Vorhaben wohl schon früher Wind bekommen. Er meinte, das Vorhaben sei ohnedies nicht aufzuhalten. Darum überlegte er, die Verwaltung eines Friedwalds in die eigene Regie zu übernehmen. So könne er am besten sicherstellen, dass bei aller Naturverbundenheit der Ort von einem christlichen Geist getragen wird. Er bot von daher an, den geplanten Friedwald in evangelische Trägerschaft zu übernehmen. Der Konflikt war geboren. Die örtlichen Zeitungen saßen in den Startlöchern und warteten auf einen Streit der Konfessionen.

An dieser Stelle zeigte sich der Vorteil enger vertraulicher Beziehungen. Wir Seelsorger trafen uns zu einer kurzen Besprechung, tauschten unsere Beweggründe aus und waren uns bald einig, es sei am besten, vom Projekt Abstand zu nehmen. Uns beiden war bewusst, angesichts der immer pluraler werdenden religiösen Welt werde sich die Bestattungskultur in unserem Land noch sehr verändern. Unser Anliegen als Christen müsse sein, die Menschen sollten nicht namenlos an irgendeiner Stelle beigesetzt werden. Es müsse unbedingt eine Stelle geben für ein persönliches Gedenken und Erinnern.

Das ökumenische Leben, das ich in Prien, meiner 4. Pfarrstelle vorfand, war sehr vielfältig. Es gab zum Beispiel eine Ökumenische Sozialstation, die bereits seit 20 Jahren bestand. Ein solches Unternehmen mag gemäß dem Zeitgeist als fortschrittlich gelten. Im praktischen Alltag können sich daraus schnell eine Reihe von Problemen entwickeln. Soweit ich in Erfahrung bringen konnte, war Prien eine der ganz wenigen Sozialstationen in Bayern, die in ökumenischer Partnerschaft geführt wurden. Zunächst wird jeder sagen, in der Sorge um Kranke und Pflegebedürftige darf es keinen Unterschied geben nach Konfession und Glaube. Heutzutage sind auch keine Probleme mehr zu erwarten, wenn evangelische und katholische Pflegekräfte zusammenarbeiten. Dies alles traf auch für Prien zu. Doch es sind mehr strukturelle Probleme. Eine einzelne Sozialstation kann nur dann erfolgreich arbeiten, wenn sie eingebettet ist in den größeren Verband wie der Diakonie Bayern oder dem Caritasverband der Diözese. In unserem Fall waren wir beiden großen Trägerverbänden angegliedert, liefen dennoch eigenständig und mussten immer ein Auge darauf haben, nicht „zwischen den Stühlen" zu landen. Bei den Gehältern hatte man geregelt, je nach ihrer Konfession werden die evangelischen Mitarbeiter /-innen nach evangelischem Regelwerk entlohnt, die katholischen nach dem Tarifwerk der Caritas, was manchmal zu seltsamen Ungleichheiten führte. Die Geschäftsführung lag in den Händen eines Mitarbeiters der Diakonie. Die finanzielle Unterstützung durch die betreffenden Kirchengemeinden war einheitlich geregelt mit -.60 € je Kirchenmitglied. Am Jahresende erbrachte die Rechnung meist ein

Defizit – wie bei den meisten Sozialstationen. Dieses Defizit wurde von beiden Trägerverbänden, sprich Diakonie und Caritas zu gleichen Teilen ausgeglichen, wobei der Caritasverband bestrebt war, eine Höchstgrenze von 15.000,- € festzulegen, was hin und wieder zu Auseinandersetzungen führte.

Grundsätzlich kann ich sagen: Während der 14 Jahre, als ich in Prien die Pfarrverantwortung trug, konnte die Sozialstation jeweils ein gutes Gesamtergebnis erzielen. Die Einrichtung stand auf soliden Beinen. Die Dienste wurden sogar noch ausgeweitet. Es stand jeweils genug Personal zur Verfügung. Ich möchte auch meinem evangelischen Kollegen große Anerkennung zollen, weil er und weitere aus seinem Kirchenvorstand immer ein waches Auge auf die Sozialstation hatten.

Rückblickend schließe ich mich allerdings der kritischen Frage an: Ist es wirklich förderlich, um der Ökumene willen ein eigenes Sozialwerk aufzubauen? Bestimmungen, Rechtsgrundlagen, Anordnungen im Sozial- oder Pflegebereich sind heute so umfangreich, dass man nur schwer ohne Beratung und Hilfe durch einen erfahrenen Dachverband agieren kann. Es scheint soweit klüger, sich den Erfahrungen eines Sozialverbands wie der Diakonie oder Caritas anzuschließen.

Ökumenischer Geist muss sich auf anderer Ebene zeigen: In der Sorge für alle Mitmenschen, die Hilfe brauchen unabhängig von ihrer Konfession, durch die Aufnahme von Mitarbeiterinnen und Mitarbeitern beider Kirchen, in Kontaktnahme und Erfahrungsaustausch mit beiden Kirchengemeinden und schließlich dadurch, dass bei allem Tun ein ökumenisch offener, christlicher Geist herrscht.

Unsere ökumenische Zusammenarbeit in Prien gipfelte gewissermaßen in der Veranstaltung eines Ökumenischen Inseltages am Pfingstmontag, 28. Mai 2012, auf der Fraueninsel. Über ein Jahr hatten die evangelischen und katholischen Gemeinden rund um den Chiemsee dieses Ereignis vorbereitet und ein vielfältiges Programm ausgearbeitet. Eröffnet wurde der Tag durch einen ökumenischen Gottesdienst. Rund um die Fraueninsel wurden verschiedene Informationsstände aufgebaut; religiöse Kunst unterschiedlichster Art wurde gezeigt, an mehreren Orten wurden seelsorgliche Beratung und Meditation angeboten. Der Tag endete mit einer gemeinsamen ökumenischen Vesper im dortigen Münster. Höhepunkt war ohne Zweifel eine Podiumsdiskussion mit Prof. Eckard Nagel, Mitglied im Nationalen Ethikrat Deutschlands und Präsident des ökumenischen Kirchentags von München und Alois Glück, ehemaliger Bayer. Landtagspräsident und Vorsitzender des Zentralrats der Katholiken in Deutschland. Wie zu erwarten, wurden keine „heißen Eisen" ausgespart. Prof. Nagel meinte, für die beiden Kirchen sei seiner Meinung nach die Zeit mehr als reif für ein Umdenken: „Wenn es uns gelingt, gemeinsam an einem Tisch zu sitzen, haben wir mit unseren Kirchen eine große Zukunft vor uns." Und der katholische Partner Alois Glück sieht die katholische Kirche vor massiven Veränderungen in den nächsten 10 bis 20 Jahren. „Sie wird sich mit vielfältigen religiösen Strömungen auseinandersetzen müssen." Gerade darin sehe er aber keine Bedrohung, sondern den Reichtum der Kirche. Es sei die künftige Aufgabe der Kirche, so Glück weiter, sich mit einem hörenden Herzen den Menschen zu erschließen, um sie wieder zu erreichen. „Denn noch nie waren so viele nach Sinn und Orientierung Suchende unterwegs wie heute."

Diese beiden Aussagen mögen einen kurzen Abriss geben von der Dynamik des ökumenischen Gesprächs damals. Die evangelische Seite – das kann man oft erleben – demonstriert ihre Gemeinschaft als eine Hüterin der „Freiheit des Christenmenschen". Jeder der glaubt, dem steht die Tür zu Gott offen. Einen Großteil von Regelungen, welche die katholische Kirche prägen, aber in den Augen vieler auch einschränken, kennt die evangelische Seite nicht oder hat diese innerhalb der letzten Jahrzehnte abgebaut. Sie kennt keinen Zölibat für Pfarrer, Frauen können alle kirchlichen Ämter bekleiden, es gibt keine Gottesdienstpflicht am Sonntag, auch nach einer Scheidung findet sich meist ein Weg zu einer neuen kirchlichen Eheschließung, es gibt keine Beichtpflicht, in vielen ethisch-moralischen Fragen herrscht mehr Offenheit, es gibt viel mehr Mitsprache der Laien bei allen kirchlichen Entscheidungen, es regiert eine durchgehend synodale Struktur.

Katholischerseits wird den evangelischen Christen im allgemeinen entgegengehalten, sie haben die apostolisch-bischöfliche Rolle des kirchlichen Amts verlassen, sie erkennen den Papst als obersten Hirten und Lehrer nicht an, es gebe kein maßgebliches oberstes Lehramt, die sakramentale Dimension des Priester- und Diakonenamts werde ausgeklammert, die substantielle Gegenwart Jesu Christi im Abendmahl werde nicht durchgehend im Glauben anerkannt, vor allem deren bleibende Gegenwart in den Gaben von Brot und Wein über die Abendmahlfeier hinaus werde nicht beachtet. Bei diesen Gegenüberstellungen mag man verzweifeln und bezweifeln, ob es je zu einer Einheit im Glauben kommen kann. Doch wer Ökumene in der Praxis erlebt, wer gemeinsame ökumenische Veranstaltungen aufsucht, lernt bald, wie die Differenzen verschwimmen, unklarer werden und das gemeinsame Bekenntnis zu Jesus Christus die Oberhand gewinnt. Die Sehnsucht nach einer einzigen Kirche wird überall spürbar.

Wer einmal eine Abendmahlfeier in einer evangelischen Gemeinde am Sonntag miterlebt hat, kann als aufmerksamer Zuschauer die tiefe Gläubigkeit der meisten Mitfeiernden erfahren, die voll und ganz überzeugt sind von der Gegenwart Jesu Christi in den Zeichen von Brot und Wein. Die Frage um Substanz und andere philosophische Begriffe tritt zurück hinter den Glauben, Christus wahrhaft und wirklich zu begegnen. Ich habe auch schon eine Reihe von evangelischen Christen erlebt, die dem katholischen Verständnis von Gegenwart Christi in Brot und Wein über die Feier des Abendmahls hinaus nahe stehen und auch gerne daran teilnehmen, wenn in einer katholischen Kirche eine Anbetung vor dem Allerheiligsten stattfindet. Ich habe ferner eine Reihe von Pfarrern oder Pfarrerinnen erlebt, die es begrüßen, wenn auch im evangelischen Bereich eine Salbung für Kranke und Gebrechliche angeboten wird. Erlebte Ökumene steht vielfach auch im Hintergrund, wenn im katholischen Bereich mehr und mehr die Forderungen nach Neuerungen vorgebracht werden: nach Ordination der Frauen, nach Abschaffung des Pflichtzölibats, nach mehr synodaler Struktur.

An meiner 2. Pfarrstelle in Garching bei München traf sich übers Wochenende einmal der ökumenische Arbeitskreis und wollte sich folgender Aufgabe stellen: Nehmen wir an, von offizieller Seite werde bekannt gegeben, die Evangelische und die Katholische Kirche schließen sich zusammen, erkennen sich gegenseitig an und bilden hinfort eine Kirche. Was würde das für unsere Stadt bedeuten? Man kann sich leicht ausmalen, wie lebendig der Meinungsaustausch hin und her ging. Es gab im Stadtbereich drei katholische und eine evangelische Kirche. Diese sollten alle bleiben. Die Gottesdiensttermine sollten auf einander abgestimmt werden. Es sollte ein regelmäßiger Predigertausch stattfinden. Und vieles andere mehr.

Nicht ganz einig wurden wir, ob damit die beiden Kirchenstiftungen zusammenzulegen notwendig sei, ob es noch unterschiedliche Kirchenvorstände bzw. Pfarrgemeinderäte brauche. Und vor allem fanden wir in den wenigen Stunden keine Lösung für die Frage, ob wir nun das Geld alles zusammenlegen oder doch getrennt verwalten sollen. Nicht zu unrecht wird oft betont, wahre Einheit zeigt sich erst, wenn alle Beteiligten bereit sind, das Geld zusammen zu legen und alle Erfordernisse aus einem Topf zu bezahlen.

Nun am Ende wurde allen Beteiligten klar, schon in der Praxis am Ort wäre es gar nicht so einfach, eine Einheit der Kirchen auf den Weg zu bringen. Eine Reihe von Fallstricken zeigte sich; und es ist sicher gut, wenn man allen Wunschideen nach Einheit der Kirchen nicht einfach blauäugig beipflichtet. Es gibt nämlich auch die „Schein"-Ökumeniker, wie ich sie nennen möchte. Für sie ist Ökumene nur oder immer dann wichtig, wenn die passende Kirche oder Kapelle für eine Trauung, eine Taufe, einen Begräbnisgottesdienst, ein Klassentreffen oder eine Familienfeier direkt neben dem passenden Hotel steht. Die Frage der Konfession scheint kaum zu interessieren, denn sie sagen: Wir sind doch alle „Brüder und Schwestern"! Wirklich Ökumene kann man nur mit Menschen pflegen, die in ihrer Glaubensgemeinschaft richtig verwurzelt sind und dem Denken der anderen Konfession mit Interesse, Respekt und Aufmerksamkeit begegnen.

Ein Hinweis auf den anglikanisch und römisch-katholischen Dialog seit Anfang der 80er-Jahre scheint mir in diesem Zusammenhang beachtenswert. Als ein erstes schriftliches Ergebnis vorgelegt wurde und verschiedene angesehene Zeitungen in England schon triumphierend prophezeiten, eine Wiedervereinigung von anglikanischer und katholischer Kirche stehe nahe bevor, da brach in der Folgezeit eine intensive Diskussion aus. Auf der anglikanischen Seite zeigte sich, dass beträchtliche Teile den Weg zur Einheit nicht mitgehen wollten. Auf katholischer Seite wurde betont, dass in dem vorgelegten Dokument verschiedene theologische Streitfragen nicht sorgfältig und tief genug abgeklärt worden seien. Und dieser Dissens ist leider bis heute nicht überwunden. Lag es nur an der übertrieben strengen Auslegung theologischer Fragen durch die katholische Seite? War die Angst zu groß, Teile der jeweiligen Seite würden den „Kirchenkonsens" nicht mittragen? Fürchtete man, dass am Ende noch mehr Abspaltungen zutage treten, anstatt einer Einheit der Christen den Weg zu bereiten? Ich weiß es nicht. Freilich, tief in meinem Herzen, würde ich mir mehr Entschlossenheit bei den Verantwortlichen wünschen, die Jahrhunderte alten Konfliktfragen mit Großmut und einem weiten, offenen Herzen zu überwinden.

Der Hinweis auf den anglikanisch-katholischen Dialog macht auch deutlich, dass auf Grund der Vielfalt christlicher Bekenntnisse alle Wünsche nach Einheit im Glauben noch viel komplexer sind. Mir scheint jedoch, wenn die großen christlichen Glaubensgemeinschaften sich zusammenfinden, würde daraus eine „Sogwirkung" auch für die vielen kleinen Gemeinschaften erwachsen.

12. Kirche und das liebe Geld

Im Anschluss möchte ich auf einige Themen zu sprechen kommen, die im kirchlichen Bereich und im Dialog mit der Welt immer auftauchen. Als erstes nenne ich ein nie enden wollendes Thema: Kirche und Geld

Es ist mir wichtig, am Beginn mit einigen „Schlagworten" aufzuräumen.

1. Die Kirche ist nicht reich.

Das gilt für die weltweite Gesamtkirche. Ganz gleich in welches Land der Erde man sich begibt, man stößt auf keine großen Reichtümer der Kirche. In den meisten Ländern arbeiten die Pfarreien, die Klöster, die schulischen und caritativen Einrichtungen mit einfachsten Mitteln. Die Bereitschaft der Menschen, trotz Armut und vielfacher Not, christliches und caritives Zeugnis zu geben, ist bewundernswert.

Nun werden viele sagen: Aber es gibt Ausnahmen! Zum Beispiel die Kirche in Deutschland. Das ist richtig. Die Kirche in Deutschland insgesamt ist nicht arm. Die regelmäßigen Einnahmen der Kirchensteuer helfen, den vielen Geistlichen und zivilen Mitarbeitern einen festen Lohn zu bezahlen; sie erlauben den Bau und Unterhalt von Kirchen, Pfarrhäusern, Pfarrheimen, Schulen, Sozialeinrichtungen und vieles andere mehr. Die Kirche und ihre Einrichtungen sind auf diesem Weg auch zu einem Wirtschaftsunternehmen mit weit über 100.000 Mitarbeitern geworden. Wir dürfen darum die Zahlen, die in den letzten Jahren über das gesamte Finanzvermögen der Kirchen in Deutschland veröffentlicht wurden, nicht fehlinterpretieren. Ohne Kirchensteuer und ohne die sogenannten Finanzpolster wäre ein solcher „Apparat" nicht aufrecht zu erhalten.

2. Die Pfarreien sind nicht reich.

An meiner ersten Pfarrstelle in München, Maria Ramersdorf, begegnete ich häufig der Aussage: Ach, du mit deiner Wallfahrtskirche, du bist ja reich! Ich habe schon oben erwähnt und wiederhole es hier: Genau das Gegenteil war der Fall. Die Kirchenstiftung Maria Ramersdorf hatte keine Rücklagen. Wenn irgend ein Problem auftauchte – z.B. ein Schaden an der Kirche, im Pfarrhaus oder Pfarrheim, so konnte ich als Verantwortlicher nicht unmittelbar die Sanierung in Auftrag geben. Ich brauchte die Zustimmung des Baureferats im Ordinariat. Ich musste erst um Zuschüsse zur Finanzierung bitten. Man mag darin etwas Positives sehen. So ergibt sich jeweils die Notwendigkeit, dass mindestens vier Augen den Schaden prüfen. Die Reparatur erfolgt danach weniger flüchtig, dafür gründlicher. Das Prozedere verzögert jedoch die Maßnahme und hinterlässt oftmals den Eindruck: Am Ende wird alles teurer.

Ich muss der Wahrheit Tribut zollen. Das erwähnte Problem ist oft diskutiert worden. Inzwischen werden den Kirchenstiftungen mehr Freiheiten bei der Erledigung kleiner Baustellen eingeräumt. Es gibt im Allgemeinen auch mehr finanziellen Spielraum für die einzelnen Kirchenstiftungen. Dennoch möchte ich zurückkehren zur Aussage: Die Pfarreien in Deutschland sind nicht reich. Es mag in ganz seltenen Fällen Pfarrkirchenstiftungen geben, die von außergewöhnlichen Erträgen her alle ihre Ausgaben eigenständig stemmen können. Doch vermutlich kann man sie an den Fingern einer Hand zählen. Umgekehrt ist der Finanzbedarf oft gewaltig. Der Erhalt der Kirchen – moderne Kirchen sind zuweilen genauso teuer im Unterhalt wie alte – kostet jährlich Millionen, dazu noch die Pfarrhäuser und Pfarrheime. Nicht umsonst taucht hin und wieder die Frage auf, ob sich die Kirche in Deutschland diese Fülle an Gebäuden überhaupt noch wird leisten können. Und man darf ein Weiteres nicht übersehen: Viele Angestellte der Kirchenstiftungen zeigen sich mit einem bescheidenen Lohn zufrieden. Es werden viele ehrenamtliche Dienste geleistet. Ohne deren Hilfe würde manche Kirche, manche Kapelle, manches Pfarrhaus und manches Pfarrheim einen „jämmerlichen" Eindruck hinterlassen.

Dennoch gibt es am gegenwärtigen Finanzsystem der Kirche vieles zu bedenken. Ich nenne da etwa:

Dass die Einnahmen der Kirchensteuer zunächst an die Diözesen fließen, hat sicher gute Gründe. Doch damit wird diese steuerliche „Zuwendung" zur Kirche anonym. Daran ändert ein freundliches Dankschreiben des Bischofs am Ende eines Jahres wenig. Umgekehrt ist für den Einzelnen kaum ersichtlich, wofür sein Kirchensteuerbetrag verwendet wird. Das berühmte Beispiel eines wohlhabenden Menschen, der im Jahr rund 10.000,- € und mehr an Kirchensteuer zahlt und sagt, für dieses Geld könnte er sich einen eigenen Kaplan leisten, ist schon oft zitiert worden.

Bemerkenswert ist ein Zweites: Ein Pfarrer weiß nicht, wer in seiner Gemeinde viel oder wenig an Kirchensteuer zahlt. Der Hinweis: Das kann er sich doch ausmalen, denn ein Wohlhabender zahlt natürlich mehr Einkommenssteuer und damit mehr Kirchensteuer, löst das Problem nicht. Ein Pfarrer weiß auch nicht, wieviel an Kirchensteuer seine Gemeindemitglieder insgesamt aufbringen. Das Beispiel wird in einzelnen Fällen brisant, wenn etwa in einer solchen Familie Sohn oder Tochter die kirchliche Eheschließung wünschen, diese aber aus kirchenrechtlichen Gründen nicht gewährt werden kann – zum Beispiel, wenn der vorgesehene Ehepartner geschieden ist. Jeder Pfarrer, der mit solchen Problemen befasst ist, hat wohl schon einmal den Satz gehört: „Für was zahle ich Jahr für Jahr Tausende Euro an Kirchensteuer!?"

Damit klingt auch ein Drittes an: Viele, die zwar eine geregelte Kirchenabgabe für richtig halten, stoßen sich daran, dass diese Steuer – wie bei den meisten Steuern – schon vorab einbehalten wird. Noch bevor ein Kirchenmitglied seine Monatsabrechnung in Händen hält, sind alle Sozialversicherungs- und Steuerbeträge – einschließlich Kirchensteuer – bereits abgezogen. So logisch die

Handhabung ist, so trägt es doch – gerade bei Jung-Verdienenden – dazu bei, sich über die Kirchenzugehörigkeit zu ärgern. Kommen dann noch andere Zwistigkeiten mit der Institution Kirche dazu, naht schnell die Versuchung, die Kirche zu verlassen. Es ist bekannt, dass Steuerberater diesen Rat an ihre Kunden weitergeben. Bekannt ist sogar ein Fall, wo ein Steuerberater, der diesen Hinweis nicht an seinen Mandanten weitergegeben hatte, deshalb zu einer Geldstrafe verurteilt wurde.

Ein Viertes muss man bei diesen Fragen ebenfalls im Auge haben: Der zentrale Einzug der Kirchensteuer über die Diözesen hat – daran lässt sich nicht zweifeln – deren Zentralstellen, sprich Ordinariat, Finanzkammer, Kirchensteueramt und dergleichen deutlich aufgewertet. Man braucht nur die Zahl der Angestellten in diesen Ämtern im Lauf der vergangenen 40 oder 50 Jahre beobachten. Die kirchlichen Zentralstellen wurden immer größer, einflussreicher – und auch bestimmender, zum Teil bis ins Kleinste. Die gläsernen Pfarrkassen habe ich schon erwähnt. Doch die Beaufsichtigung, Kontrolle und Überprüfung der Pfarrbüros durchzieht praktisch alle Seelsorgsbereiche.

Nun lässt sich nicht von vorneherein behaupten, diese Entwicklung wäre falsch. Die Dienste eines Ordinariats oder einer funktionierenden zentralen Finanzverwaltung sind in Vielem hilfreich. Kaum ein Pfarramt wäre heute noch in der Lage, solide Gehaltsabrechnungen ihrer Angestellten zu vollziehen, geschweige denn alle die tausend Bestimmungen im Auge zu behalten, die von den staatlichen Finanzbehörden fast wöchentlich veröffentlicht werden. Ähnliches gilt für Baubestimmungen, aber auch für Regelungen der Sozialversicherungen. Man kann auch nicht die Augen verschließen vor der Tatsache, dass alle öffentlichen Behörden beim Staat, in den Landratsämtern und Kommunen in den letzten Jahrzehnten mächtig angewachsen sind. Kurz und gut, schon aus diesen Gründen wäre es abwegig, die Kirchensteuern bei den jeweiligen Pfarreien abzuliefern. Die Pfarrbüros wären bei der gegenwärtigen Besetzung hoffnungslos überfordert. Auch die Spaltung der Pfarreien in reiche und arme wäre fatal. Die Frage eines Ausgleichsfonds lässt sich im Grunde nur über die Diözesen vernünftig regeln.

Dennoch, wenn es um den verantwortungsvollen Umgang mit Geld geht, gibt es noch vieles zu verbessern, etwa:
- Die Offenlegung der Jahresrechnung der Kirchenstiftungen ist zwar bei den meisten Pfarreien zur Regel geworden; im Detail ließe sich natürlich vieles verbessern. Ich klopfe auch an meine Brust, weil ich manchmal den Mitgliedern meiner Pfarrei zu wenig deutlich die Kosten einer größeren Baumaßnahme oder für größere Veranstaltungen wissen ließ. Es besteht kein Zweifel, dass die Pfarrangehörigen ein Recht haben, über die Finanzen ihrer Pfarrgemeinde informiert zu werden.
- Ich persönlich habe wiederholt moniert, dass die Diözesen im Allgemeinen einen Haushaltsplan der Öffentlichkeit vorlegen, der freilich nur ein paar Dutzend allgemeiner Zahlen einschließt. Doch eine detaillierte Jahresrechnung habe ich kaum gefunden. Einzig diese gibt freilich Auskunft über die tatsächlichen Finanzleistungen, die geflossen sind. Diese Jahresrechnungen gibt es natürlich, und vielleicht kann ein Versierter diese inzwischen über das Internet abrufen. Ich als Pfarrer habe sie freilich nie gesehen.
- Verschiedene spektakuläre Finanzaffairen haben auch deutlich gemacht, dass es in allen Diözesen – außerhalb des offiziellen Haushalts – noch mehrere Fonds gibt, über die oft ganz im Stillen entschieden wird. Ich kann verstehen, dass die Kirchensteuerzahler die öffentliche Verantwortung für alle Kirchengelder erwarten und verlangen.
- Ich möchte auch noch einmal wiederholen, was ich weiter oben bereits erwähnt habe. Ein Pfarrer, ein Seelsorgsteam hat im allgemeinen nur geringen Spielraum, um beispielsweise eine größere

Jugendaktion, eine bessere, effektivere technische Ausstattung, eine größere Anschaffung wie etwa die Erneuerung einer Küche etc. von sich aus zu tätigen. Natürlich wird dagegen schnell eingewandt: Eine lebendige Pfarrgemeinde müsste das doch allein schaffen! Gewiss, in Pfarreien ist vieles möglich. Man muss allerdings bedenken, dass ohnedies ständig Aufrufe zu Sammlungen, zur Unterstützung eines Missionsprojekts, zur Renovierung einer Orgel, zum Ausschmücken der Kirche, für Glockenmotoren und für hundert andere Dinge erfolgen. Da hatte ich als Pfarrer schon auch mal Bedenken, wenn ich wiederholt die Gläubigen um Großzügigkeit angehen musste.

Wenn ich auf den Gesamtetat der Münchner Erzdiözese blicke, so möchte ich manche sehr großzügige Ausgaben in Frage stellen, wie den Ausbau des Ordinariatsgebäudes in der Kapellenstraße, der ursprünglich viel niedriger angesetzt war, den Neubau so mancher Kirche, die Restaurierung mancher Museen. Lobend erwähnen möchte ich die großzügige Unterstützung für finanzschwächere Diözesen, die Förderung der Patendiözesen in Ecuador, die Hilfen in Notsituationen in der Dritten Welt und manches andere mehr. Weniger glücklich aus meiner Sicht war die Unterstützung des Diözesancaritasverbands mit – in meinen Augen – nur 14.000.000,- € im Jahr. Doch über Geld ließ sich zu allen Zeiten trefflich streiten und das wird auch künftig so sein.

Zu überlegen ist auch, ob die Kirche nicht deutlich mehr Präsenz zeigen müsste auf dem großen Markt der Medien? Es trifft zu: Versuche, eine erfolgreiche katholische Tages- oder Wochenzeitung zu plazieren, sind leider gescheitert. Es gibt kirchliche Radio- und Fernsehprogramme, die jedoch – nach meiner Einschätzung – nicht so sehr wahrgenommen werden. Und welche Chancen sich auf dem Feld der neuen Medien wie Smartphon, Facebook, Instagram etc. auftun, das kann ich beim besten Willen nicht beurteilen. Jeder weiß, wer auf diesem Gebiet Erfolg haben will, muss mit viel Kraft, aber auch mit einer Menge Kapital einsteigen.

Wenn es um die Zukunft der Kirche geht, so habe ich den Eindruck, sollte unbedingt der Ausbau an katholischen Schulen intensiviert werden. Ich stütze mich dabei auf zwei Erfahrungen: Einmal, wie die Geschichte zeigt, haben die Katholiken der USA während des 19. und 20. Jahrhunderts viele Opfer gebracht, um überall im Land katholische Schulen und Hochschulen zu errichten. Man hat auf diesem Weg viele junge Menschen intensiv mit der Botschaft Jesu Christi vertraut gemacht. Wenn – trotz vieler Probleme – die katholische Kirche der USA seit Jahrzehnten einen „Aufwind" spürt, so dürfte gerade darin eine der Ursachen liegen. Bemerkenswert ist auch eine Erfahrung bei uns: Wenn ich in Beicht- oder Seelsorgsgesprächen einem Menschen begegne, bei dem ich spüre, dass eine tiefe Beziehung zum Glauben vorliegt, so erfahre ich häufig, dass dies von einer Ausbildung an einer kirchlichen Schule herrührt.

Ich möchte an dieser Stelle auf die Frage zurückkommen: Ist die Kirche in Deutschland reich? Die Antwort muss lauten: Im Vergleich zu den meisten anderen Ländern: Ja. Doch wenn man die Gesamtsituation unseres Landes bedenkt, wenn große Konzerne z.B. 5 oder mehr Milliarden an Strafzahlungen fast aus der Portokasse leisten können, wenn wir bedenken, was unser Gesundheitssystem an Geld verschlingt, was der tägliche Flugverkehr kostet, dann sind die jährlich rund 1,5 Milliarden Euro an Kirchensteuermitteln für unser ganzes Land durchaus gerechtfertigt. Ich habe einmal gelesen, so hoch sei etwa der Umsatz des Münchner Oktoberfests. Mit den Kirchensteuereinnahmen wird ein großer Organismus erhalten, der viel leistet im Bereich der Erziehung, der Bildung, der menschlichen und religiösen Gewissensbildung, der Kultur, an geistigen und geistlichen Impulsen und – davon sind wir Christen überzeugt – an Zeichen des Heils.

Freilich dürfen wir weiteren Fragen nicht ausweichen:
- Wäre es redlicher, die Kirche würde auf eigenständigem Weg die Zahlungen ihrer Mitglieder einfordern oder erbitten? Wir sind uns darüber im Klaren, ein riesiger Verwaltungsapparat wäre hierfür erforderlich. Und es lässt sich nicht leugnen: Die Gesamteinnahmen würden deutlich schrumpfen.
- Wäre es nicht besser, die Regelung des italienischen Staates zu übernehmen. Jeder Bürger hat dort am Jahresende das Recht, einen Prozentanteil seiner Steuern verschiedenen Einrichtungen zuzuwenden, die wichtige Aufgaben für das Gemeinwohl übernehmen wie Kirchen, Rotes Kreuz, Wohlfahrtseinrichtungen und dergleichen. Für die katholische Kirche des Landes bedeutete dies einen Fortschritt gegenüber früheren Regelungen. Dabei ist die Freiwilligkeit gewahrt, und jeder Steuerzahler wird praktisch aufgefordert zu entscheiden, welche Einrichtung er unterstützen möchte. Soweit ich weiß, gibt es noch keine Schätzungen, was diese Regelung für unser Land bedeuten würde.
- Eine dritte Form der Kirchenfinanzierung würde ausschließlich aus Spenden erfolgen, ähnlich etwa der Praxis in Frankreich oder den Vereinigten Staaten von Amerika. Hierbei wären die Einbußen enorm, darüber kann kein Zweifel bestehen.

Die Kirche Deutschlands müsste hierzu ihr äußeres Gesicht in vielem umbauen. Sie müsste eine einfachere, ärmere, schlichtere Form annehmen. Alle Gehälter müssten Einbußen hinnehmen. Viele Pfarrhäuser, Pfarrheime auch Kirchen wären nicht mehr zu finanzieren. Die Einschränkung auf allen Ebenen wären gewaltig. Würde die Kirche dadurch freier, überzeugender, glaubwürdiger? Wer für eine Kirche der Armen plädiert, muss hier mit Ja antworten. Wer freilich betont, das Ergebnis von solch gewaltigen Einschnitten ist immer zweifelhaft, der wird hoffen, dass das Finanzsystem der Kirche im Wesentlichen erhalten bleibt. Kann man je von einer Bischofskonferenz erwarten, dass sie einen solch wagemutigen Schritt eingeht? Ich kann darauf nur antworten: Ich bin froh, nicht Bischof zu sein!

Grundsätzlich stehen die Chance für den Erhalt des deutschen Kirchensteuersystems nicht schlecht. Man steht hier im Bund mit der Evangelischen Kirche Deutschlands. Denn die Handhabung der Kirchensteuer müsste praktisch für beide Kirchen – ebenso auch für ein paar kleinere religiöse Gemeinschaften – gleich gehandhabt werden. Es gibt auch nach wie vor viele Politiker in den unterschiedlichen Parteien, die genau wissen, ein derart massiver Abbau der Kirchenfinanzierung würde dem Staat im Bereich von Kindergärten, Schulen, Jugendheimen oder Sozialeinrichtungen eine Menge zusätzlicher Lasten aufbürden, wie es gegenwärtig kaum jemand abschätzen kann. Und schließlich gründet die Regelung der Kirchensteuer auf Konkordats-, also Staatsverträgen, die nicht ohne weiteres aufgekündigt werden können.

Und das Fazit zum Thema Kirche und Geld: Diese Diskussion wird noch Generationen andauern.

13. Zum Thema Moral

Ein Thema taucht immer auf, wenn es um Kirche und Jugend, Kirche und moderne Welt geht:
Das „leidige" Thema Moral.
Es bricht immer hervor, wenn mit jungen Leuten über Kirche und Glaube diskutiert wird. Und es geht fast immer nur um eines: um das 6. Gebot. Im Beichtstuhl werden oft und oft Verfehlungen gerade im 6. Gebot genannt. Wohl gemerkt geht es dabei nicht um Ehebruch, was das 6. Gebot ja ausdrücklich verwirft, sondern es geht um das Anschauen anstößiger Bilder, um geheime Wünsche bzw. Träume und um Selbstbefriedigung. Ich selbst und viele Seelsorger fragen sich: Woher kommt das? Wer hat diese Menschen – gleich ob jung oder alt – derart erzogen, dass sie vor allem im 6. Gebot ihre schwersten Verfehlungen beklagen? Und ich stehe sicher nicht allein. Ich selbst habe weder im Religionsunterricht, Beichtunterrricht, in Gruppenstunden noch bei Erstkommunion- bzw. Firmvorbereitung so etwas die jungen Menschen gelehrt. Es lohnt sich das Gotteslob heranzuziehen – sowohl die alte Ausgabe von 1975 als auch die neue von 2013 – in beiden Büchern wird mit dem Thema sehr verantwortungsvoll umgegangen. Selbst in meinen jungen Jahren, im Religionsunterricht vor mehr als 60 Jahren, hat man mir keine engstirnige Gewissensprüfung im Bezug auf das 6. Gebot nahegelegt. Woher also kommt das?
    Natürlich weiß ich, dass von verschiedensten Seiten Beichtspiegel publiziert werden, welche die Menschen gerade auf Verfehlungen im 6. Gebot mit verschiedensten Details ansprechen. Dabei fällt auf: Bei der Gewissenserforschung weist man auf die Verfehlungen im sexuellen Bereich hin. Wenn es freilich darum geht, junge Menschen – je nach Altersstufe – über sexuelle Themen und Inhalte zu informieren,

so herrscht vielfach Stillschweigen. Gewiss sexuelle Aufklärung gehört zuerst und vorrangig in den Bereich der Familie. Doch in verschiedenen Phasen der Erziehung muss auch in Schulen Information und Bildung zu Fragen des Geschlechtlichen erfolgen. Im kirchlichen Bereich wird dies nur selten geboten. Jedoch bei Hilfen zur Gewissenserforschung tauchen die entsprechenden Fragen auf, – zumindest bei einigen Publikationen.

In meinen Augen wird dies besonders problematisch, wenn gar unterstrichen wird, dass Sexualität den Menschen im Tiefsten berührt und somit alle Verfehlungen auf diesem Gebiet immer „schwerwiegend" sind, was schließlich zur Feststellung führt: Sünden im 6. Gebot sind immer schwere Sünden! Infolge dessen wird klargelegt, wer sich dagegen versündigt – wie auch immer – der darf nicht zur hl. Kommunion gehen. Er muss zuvor die Vergebung „seiner" Sünde erbitten – betont wird im Singular gesprochen. Es muss mit tiefem Bedauern festgestellt werden, dass eine Lebens- oder Gewissensanleitung dieser oder ähnlicher Art in vielfacher Form immer noch und wieder neu veröffentlicht oder bei Besinnungstagen den Gläubigen vorgetragen wird. Hierin liegt auch ein tiefer Grund, weshalb von verschiedensten Leuten der Kirche – besonders der katholischen Kirche – vorgeworfen wird, sie „vermiese" den Menschen ihre Geschlechtlichkeit, belaste sie mit Vorschriften und nehme daher den Menschen die Freude am Frau- oder Mann-Sein. Aus meiner eigenen Erfahrung kann ich nur bestätigen, wie häufig ich bei Diskussionen mit solchen Vorwürfen konfrontiert wurde. Man kommt als Seelsorger daran nicht vorbei. Man muss diese Anschuldigungen – auch wenn sie oft übertrieben dargeboten werden – einfach ernst nehmen!

Doch ich möchte diesen Punkt fürs erste verlassen, weil er allzu schnell die Menschen in ihrer moralischen Einstellung spaltet. Die einen wollen strenge Sachwalter einer „gesunden" Sexualmoral sein, die anderen plädieren für einen mehr offenen Umgang mit Sexualität. Grundsätzlich muss man feststellen, dass die Kirchen – für die katholische Kirche gilt dies ganz besonders, doch auch die evangelische Kirche wird dabei oft mit in die Zange genommen – in Sachen Ehe und Moral in der Öffentlichkeit einen schweren Stand haben. Hier gilt als erstes zu betonen: Die Kirche sieht sich von Jesus Christus gerufen, den Bund der Ehe zu verteidigen und damit die Einehe als Lebensbund bis zum Tod. Die Ehe ist Geschenk und Auftrag des Schöpfers. Der Bund Gottes mit seinem Volk ist Bild und Vorbild für die Ehe von Mann und Frau.

Der Auftrag an die Kirche Christi, für die Wahrung des Ehebunds bis zum Tod einzustehen, ist daher eindeutig. Diesem Auftrag weiß sich die Kirche verpflichtet. Dies sehen auch die meisten Christen ein. Nun weiß alle Welt, dass in vielen, allzu vielen Fällen Eheleute auseinander gehen, aus welchen Gründen auch immer. Doch die viel komplexere Frage lautet: Wie soll die Kirche mit Personen aus geschiedenen Eheverhältnissen umgehen? Einfach darüber hinwegzuschauen und einen zweiten oder gar noch einen dritten Ehebund vor Gott und der Kirche zu segnen, würde dem ursprünglichen Auftrag entgegenstehen, ja ihn sogar ad absurdum führen. Dennoch ist den Menschen in „gebrochenen" Eheverhältnissen – ganz gemäß dem Beispiel Jesu – mit Würde zu begegnen. Es muss respektiert werden, wenn sie eine Fortführung ihrer Ehe für unerträglich halten. Und ... es braucht auch eine Perspektive für diese Menschen innerhalb der Kirche, denn sie sind und bleiben Getaufte, und niemand hat das Recht zum Urteil über sie.

Es gibt inzwischen einige Eckpunkte im Umgang mit Geschiedenen und Wiederverheirateten, worüber die meisten Fachleute der Kirche – Bischöfe, Theologen, und Seelsorger – einig sind und die lauten:
- Die Geschiedenen und Wiederverheirateten sind weiterhin Mitglieder der Kirche.
- Die Trennung nach erster Ehe und das Eingehen einer neuen ehelichen Verbindung ist ein „objektiver" Widerspruch zur Lehre Jesu Christi.

- Beide Partner, die aus einer gültigen Ehe ausscheiden und danach in eine weitere Ehe einwilligen, machen sich insofern schuldig gegenüber dem Auftrag Jesu. Doch ihre persönliche Schuld kann letztlich nur Gott beurteilen.

Damit sind die Probleme freilich noch lange nicht gelöst. Dürfen Geschiedene und Wiederverheiratete die Sakramente empfangen? Dazu lauten konkret die nächsten Fragen: Können Sie vom Priester die Vergebung ihrer Schuld empfangen? Welchen Weg der Reue oder Buße sollen, müssen oder dürfen sie gehen? Offiziell gilt in diesen Fällen die Antwort: Nein. Und zur Bekräftigung wird betont: Das Gebot Jesu Christi ist eindeutig. Man kann über diesen Bruch der Ehe nicht einfach hinweggehen. Und so gibt es keinen einfachen, für alle Fälle gültigen Weg, da die Gegebenheiten von Fall zu Fall sehr unterschiedlich sind. Dennoch wissen alle, dass eine solche Entscheidung diesen Personenkreis sehr hart trifft.

Nun hat die Bischofssynode im Oktober 2015 sich intensiv mit diesen Fragen beschäftigt. In seinem Apostolischen Schreiben „Amoris laetitia" hat Papst Franziskus bekräftigt, dass es für die Kirche in diesen Fällen keine rein ablehnende Antwort geben kann, sondern den Betreffenden in pastoral kluger Weise Wege sowohl der wahrhaftigen Treue zum Evangelium, aber auch der Barmherzigkeit geöffnet werden sollen. Ein Wort daraus lautet: „Die Sachwalter der Kirche dürfen sich nicht wie Kontrolleure der Gnade verhalten, sondern müssen sich immer als deren Förderer zeigen. Die Kirche ist keine Zollstation, sie ist das Vaterhaus, wo Platz ist für jeden mit seinem mühevollen Leben." (AL 310)

Es ist sicher ein Gewinn, wenn nun dem Bischof, teilweise auch dem Priester, ein größerer Freiraum beim Umgang mit Geschiedenen und Wiederheirateten gewährt ist. Grundsätzlich gilt festzuhalten: Jene sind Mitglieder der Kirche. Sie dürfen und sollen sich nach Möglichkeit aktiv am Leben der Pfarreien einbringen. Ihre Absolution und Zulassung zur hl. Kommunion ist und bleibt eine sehr feinfühlige

Ermessensfrage für den betreffenden Priester. Von ihm wird erwartet, dass er den Fall sorgfältig prüft und sich im persönlichen Gespräch mit den Betroffenen auseinandersetzt. Und natürlich ist und bleibt fraglich, wie weit ein solcher Personenkreis als Kommunionhelfer oder als Religionslehrer tätig sein kann. Ich möchte zur Behutsamkeit raten. Doch letzlich müsse die Barmherzigkeit obsiegen, zumindest nach einer Zeit der Reifung in Geduld.

Wenn man es insgesamt betrachtet, sind die Probleme in unserer pluralen Gesellschaft viel größer. Es sind immer weniger Paare, die ihren Lebensbund ganz aus dem Geist Christi verstehen und zu leben versuchen. Auch vielen, die vor den Traualtar in der katholischen Kirche treten, ist nicht genau bewusst, was an Treue und Liebe das Beispiel Jesu Christi von ihnen erwartet, welche Verantwortung für das kommende Leben in sie grundgelegt ist und welchen Auftrag sie damit übernehmen. Wahre christliche Hoffnung soll sie dabei tragen. Als Christen dürfen wir darauf vertrauen, dass Menschen immer wieder erkennen, welch hoher geistiger und menschlicher Wert im christlichen Ehebund verborgen ist. Es gilt auch anzuerkennen, dass sich ebenso in anderen Kulturen eine hohe Wertschätzung für die Ehe von Mann und Frau findet. Doch unübersehbar sind die Einflüsse von gegenteiligen Beispielen, wie sie in den Medien tausendfach geboten werden, von großen Hochzeiten und baldigen Trennungen – zum Teil als Show geboten – von neuen Verbindungen und einem neuen Auseinandergehen. Tausendfach gibt es dies, meist in weniger spektakulärer Form, in unseren Städten und Dörfern. Menschlich gesprochen stehen dahinter immer bittere, schmerzhafte Erlebnisse, auch wenn viele weismachen wollen, das sei doch ganz normal und gehöre zum Leben. Seelsorger und Verantwortliche an Kindertagesstätten können die bitteren Auswirkungen vielfach bei den Kindern erleben.

Alle Fachleute sind sich einig: Die Ehe ist weltweit in der Krise. Insofern erscheint es gerade wichtig, dass die Kirche ihr Bild von der Ehe im Geist Jesu Christi immer wieder als Ziel vor Augen stellt, wenn auch noch so viele abwinken und meinen, diese Form der Ehe sei nicht mehr zeitgemäß. Auf der anderen Seite ist es im Bereich der seelsorglichen Praxis notwendig, auf die Vielfalt der Ehe- und Familienverhältnisse einzugehen. Ein Pfarrer wird heutzutage die Taufe von Kindern nicht-verheirateter Eltern nicht ablehnen oder aufschieben. Gleiches gilt bei nur zivil Verheirateten oder bei Geschiedenen und Wiederverheirateten. Jeder Seelsorger kennt Fälle, wo Entgegenkommen und positive Ermutigung bei Eltern wieder Freude an der Kirche und am Glauben wecken konnte. Es gibt natürlich auch viel enttäuschende Erlebnisse, wenn offensichtlich nur das Äußere des Festes im Mittelpunkt steht oder wenn gar kurz nach der Eheschließung oder Taufe ein Kirchenaustritt erfolgt. Ein Seelsorger steht immer inmitten der Widersprüche seiner Zeit.

Ich kann abschließend zu diesem Thema nur feststellen: Papst Franziskus hat in seinem Schreiben „Amoris laetita" diese Schwierigkeiten klar erkannt und schreibt deshalb:

„Daher darf ein Hirte sich nicht damit zufrieden geben, gegenüber denen, die in 'irregulären' Situationen leben, nur moralische Gesetze anzuwenden, als seien es Felsblöcke, die man auf das Leben von Menschen wirft. Das ist der Fall der verschlossenen Herzen, die sich sogar hinter der Lehre der Kirche zu verstecken pflegen,» um sich auf den Stuhl des Mose zu setzen und – manchmal von oben herab und mit Oberflächlichkeit – über die schwierigen Fälle und die verletzten Familien zu richten « (AL 305)" oder wenig später, wenn sich Papst Franziskus mit den Theologen der strengen Praxis auseinandersetzt und schreibt: „Ich verstehe diejenigen, die eine unerbittlichere Pastoral vorziehen und die von daher keinen Anlass zu irgendeiner Verwirrung geben wollen. Doch ich glaube ehrlich, dass Jesus Christus eine Kirche möchte, die achtsam ist gegenüber dem Guten, das der Heilige Geist inmitten der Schwachheit und Hinfälligkeit verbreitet: eine Mutter, die klar ihre objektive Lehre zum Ausdruck bringt und zugleich » nicht auf das mögliche Gute verzichtet, auch wenn sie Gefahr läuft, sich mit dem Schlamm der Straße zu beschmutzen «. Die

Hirten, die ihren Gläubigen das volle Ideal des Evangeliums und der Lehre der Kirche nahelegen, müssen ihnen auch helfen, die Logik des Mitgefühls mit den Schwachen anzunehmen und Anschuldigungen oder allzu harte und ungeduldige Urteile zu vermeiden. Das Evangelium selbst verlangt von uns, weder zu richten, noch zu verurteilen (vgl. *Mt* 7,1; *Lk* 6,37). (AL 308)"

Ich meine, dieser Grundgedanke, wie ihn Papst Franziskus formuliert hat, gilt im Grunde für alle praktischen, moralischen Fragestellungen besonders auf dem Gebiet von Ehe und Sexualität. Die Botschaft Jesu Christi gipfelt in Liebe und Treue bis zum Äußersten, in der Hingabe für das Leben der Menschen. Jesus selbst zeigt aber auch Verständnis für die Schwächen des Einzelnen. Er gibt Mahnung, aber er lässt es nie mangeln an Barmherzigkeit und Bereitschaft zur Vergebung. Es ist klug, wenn ein Seelsorger nach diesem Motto verfährt und zwar bei allen Fragen aus diesem Bereich: bei der Frage der Empfängnisverhütung, bei vorehelichem Geschlechtsverkehr, bei Brautleuten, die bereits seit Jahren gemeinsam wohnen, bei Selbstbefriedigung oder beim Umgang mit homosexuellen Mitmenschen. Es braucht den klaren Blick auf die Grundbotschaft christlicher Lebensführung. Es braucht das offene Gespräch über alle Themen und Fragen rund um die Sexualität, vor allem wenn junge Menschen mit den ersten Schwierigkeiten rund um ihre sexuellen Erfahrungen fragen und erzählen. Seelsorger müssen sich diesem Gespräch stellen. Es braucht einen mitempfindenden, aber auch klaren Blick, wenn es um ungewollte Schwangerschaft geht. Gleiches gilt auch beim Umgang mit homosexuell oder lesbisch veranlagten Mitmenschen, deren Probleme zum Teil selbst erfahrene Psychologen nicht ganz verstehen. Schnell und ungeduldig gesprochene Verurteilungen helfen weder den Betroffenen noch dem christlichen Glauben und seinen Grundsätzen. Umgekehrt ruft unser christliches Menschenbild gerade dazu auf – ganz besonders die Erzieher und Seelsorger – die Schönheit und Größe der Erschaffung des Menschen als Mann und

Frau herauszustellen. Es ist ein Bild des Friedens, wenn Mann und Frau in Treue zueinander finden und stehen. Dann kann jeder verstehen, dass es dazu auch Geduld, Reifung, Einschränkung und Verzicht braucht, damit die Liebe sich uneingeschränkt, frei und beständig dem Partner hingibt und dem Geschenk des Lebens öffnet. Karol Woityla, der spätere Papst Johannes Paul II., ist diesen Gedanken schon als junger Theologe nachgegangen und hat gerade für den Personenkreis der jungen Erwachsenen das lesenswerte Buch ‚Liebe und Verantwortung' verfasst. Auch ein Seelsorger, der das Leben kennt, wird Verständnis zeigen, wenn Eltern verstört sind, weil die Tochter – noch viel zu jung, um zu heiraten – nach der Verhütung verlangt, oder wenn Eltern ratlos sind, weil Sohn oder Tochter bereits mit dem Partner, der Partnerin eine Wohngemeinschaft aufnehmen, obwohl ihnen klar ist, dass der Weg bis zur Ehe noch weit, ja noch längst nicht gereift ist. Wir wissen: Vor zwei Generationen wurde den jungen Menschen der Lebenspartner oft noch „zugefächert", wenn nicht gar zudiktiert. Heute steht jedem Menschen die freie Partnerwahl offen, doch der Lebensbund ist dadurch keineswegs beständiger – leider, aber wahr! Und ich zitiere noch einmal das Schreiben „Amoris laetitia" von 2016: Die Kirche hat „den Auftrag, die Barmherzigkeit Gottes, das pulsierende Herz des Evangeliums, zu verkünden, das durch sie das Herz und den Verstand jedes Menschen erreichen soll. Die Braut Christi macht sich die Haltung des Sohnes Gottes zu Eigen, der allen entgegengeht und keinen ausschließt" (AL 309). Ein Seelsorger kann auf den „krummen Zeilen des menschlichen Lebens nicht einfach „gerade schreiben". Gott aber kann es!

Aus meiner Sicht ist es um all diese Fragen in der katholischen Kirche recht still geworden. Das liegt wohl daran, dass sich vielfach ein Zwiespalt zeigt und viele verunsichert sind. Die einen vertreten eher den rigorosen Standpunkt: Homosexualität wird als Sünde deklariert, ebenso voreheliche Geschlechtsverkehr, Empfängnisverhütung und anderes mehr. Diese weisen hin auf die vielfältigen Formen sexueller

Pervertierung, wie sie oft zur Schau gestellt werden, und betonen, man muss auch allen „kleinen" Verfehlungen im Sexuellen entschieden und ohne Einschränkung entgegentreten. Die anderen möchten die Menschen gerade auch in ihrer Unvollkommenheit verstehen und ihnen Brücken bauen zu einem erfüllten Leben als Mann und Frau. Ihre verständnisvolle Argumentation wird gerne als Schwachheit gegeißelt und schnell an den Pranger gestellt. In den 60er- und 70er-Jahren liefen kirchliche Stellen noch Sturm gegen die Aufklärungsmethoden eines „Sex-Atlasses" oder verschiedener Aufklärungshefte und -broschüren.

Wenn ich in diesem Zusammenhang auf die bitteren Vorfälle von sexuellem Missbrauch im kirchlichen Bereich kurz zu sprechen komme, dann mag es ja angemessen und vernünftig sein, wenn die Kirche sich zu all diesen Fragen etwas „leiser" verhält. Doch letztlich wird es notwendig sein, dass auch in kirchlichen Heimen, Tagesstätten und Schulen ein Geist einzieht, der Sexualität lebensbejahend und vom Schöpfer gewollt darstellt und den jungen Menschen offen und klar vermittelt, was es heißt zu einer Frau bzw. zu einem Mann heranzuwachsen. Gewiss muss die Erstaufgabe des Elternhauses respektiert und vielleicht auch da und dort angemahnt werden. Doch dieses Thema muss altersgemäß immer wieder zur Sprache kommen. Die Freuden und positiven Seiten müssen ebenso erwähnt werden wie die notwendigen Grenzziehungen und Verfehlungen. Es gibt die entsprechenden pädagogischen Programme. Sie sollten auch praktiziert werden.

Nach diesen Erläuterungen wird man mir entgegenhalten: Das Thema Moral besteht nicht allein aus dem 6. Gebot. Es gibt weitere Themenfelder, denen die Aufmerksamkeit guter Seelsorge dienen muss. Richtig! Ich nenne etwa das Thema der Tugenden. Dies ist wenig modern und klingt nahezu wie Mittelalter, ist und bleibt dennoch zentral im Bereich der Menschen- und Gewissensführung. Wenn man den Akzent auf die Erziehung zu Tugenden lenkt, dann geht man andere Wege als den der 10 Gebote, gemäß denen die Mehrzahl der Beichtspiegel entworfen sind und an den sich die meisten Gläubigen orientieren. Dabei könnte dieser Ansatz hilfreich sein, um manche Stereotypen der Beichtpraxis zu vertiefen. Dann lautet die Frage nicht mehr: Wann und wie oft habe ich unandächtig gebetet? Sondern: Habe ich mich ehrlich um die Pflege meines Betens bemüht? Habe ich immer wieder den Versuch unternommen, aufrichtig meine Gedanken zu Gott zu erheben? Es geht also um echte Frömmigkeit, wie sie meinem Lebensstand angemessen ist. Dann lautet die Frage nicht mehr: Wie oft habe ich geflucht? Sondern: War ich bemüht, meine Reaktionen zu beherrschen, meine Redewendungen bei Missgeschick in vernünftige Bahnen zu lenken? Dann lautet die Frage zum 4. Gebot nicht mehr: Habe ich meinen Eltern gehorcht? Eine Selbstanklage, die ein Beichtvater oft sogar aus dem Mund Erwachsener hört. Nein, je nach Altersstufe muss es heißen: Bin ich meinen Eltern hilfsbereit zur Seite gestanden? War ich achtsam, freundlich, gut ihnen gegenüber?

Unter all den verschiedenen Tugenden scheint es mir heute für Seelsorger wichtig, auf Folgendes immer wieder neu aufmerksam zu machen:
- Die Bereitschaft zur Verantwortung: Bin ich bereit Verantwortung zu übernehmen? Bin ich – beruflich wie privat – verlässlich? Halte ich mich an Vereinbarungen?
- Die Offenheit für andere: Bin ich bereit, mich von anderen – aus der Familie, von Mitarbeitern, von Fremden in Anspruch nehmen zu lassen? Begegne ich offen und redlich auch mir unsympathischem Menschen gegenüber?
- Immer wichtig die Frage: Habe ich meine Gefühle im Griff? Bin ich eher missmutig? Bringe ich Ermutigung und Optimismus zu den Menschen? Kann ich mitfühlen mit Menschen, die Leid getroffen hat? Raste ich aus im Zorn, im Eifer des Geschehens?
- „Weite" ich meinen Blick? Ich darf mein Tun nicht allein am Heute festmachen. Halte ich immer wieder einmal inne und überdenke: Was ist das Ziel meines Handelns? Was will ich erreichen und mit welchen Mitteln?

- Nicht nur in der Fastenzeit ist die Überlegung immer angemessen: Achte ich auf das rechte Maß? Beim Essen, bei der Arbeit, in der Freizeit, in meinem Umgang mit meinem Geld?
- Bin ich bereit, Kritik anzunehmen? Stehe ich zu meinen Fehlern, zu meinen Versäumnissen?
- Und ebenfalls ganz wichtig: Prüfe ich mich selbst, mein Tun? Halte ich „meine Welt" in Ordnung? Erziehe ich mich zum Guten?

Ich meine auch, ein Wort zum Thema Gerechtigkeit ist angemessen, nicht nur für die Gewissensprüfung jedes Einzelnen, nein auch für die Kirche insgesamt im Großen wie im Kleinen. In jeder Pfarrei ist die Frage angebracht: Belasten wir mit Aufgaben und Diensten immer wieder die gleichen Leute – oft sogar über die Maßen? Achten wir darauf, für verschiedene Aufgaben einmal neue Mitarbeiter/-innen zu finden? Gibt es genug Anerkennung für alle Dienste und Hilfen? Geben, bieten wir den Menschen, die zu uns kommen das, was sie brauchen, was sie sich erhoffen, was sie wünschen? Oder sind wir eher der Meinung, die Leute sollen die Angebote wahrnehmen, die wir Seelsorger ihnen vorlegen. Geben wir den Menschen Raum, Zeit und Möglichkeit, ihre Erwartungen vorzutragen?

Ein Pfarrer darf auch der Frage nicht ausweichen: Geben wir unsere Finanzen in rechter Weise aus? Werden die Mitarbeiter in den verschiedenen Bereichen gerecht entlohnt? Dabei ist natürlich die Besoldungsordnung vorgegeben. Doch in der Bewertung der einzelnen Dienste gibt es zum Teil große Unterschiede. Gleiches gilt etwa dem Problem: Richten wir unsere Bestellungen immer an die gleiche Firma, oder wechseln wir, damit auch andere Firmen zum Zug kommen? Bevorzugen wir das eine Geschäft und übergehen das andere?

Ja, Gerechtigkeit ist keine Tugend hoch über den Wolken, sondern greift ganz konkret in unseren Alltag ein. Ein jeder Pfarrer, jeder Mitarbeiter in den Pfarreien sollte sein Tun gerecht und klug ausrichten!

14. Priesterliche Identität

„Ein jeder Hohepriester wird aus den Menschen genommen und für die Menschen eingesetzt zum Dienst vor Gott, um Gaben und Opfer für die Sünden darzubringen." Dieser Satz aus dem Brief an die Hebräer (Hebr. 5,1) hat über Generationen das Bild des Priesters geprägt. Der Text wurde oft bei Primizfeiern vorgetragen. Man sah in dem Neugeweihten den „Hohenpriester", der nun für die Menschen bestellt ist zum Dienst vor Gott. Man betonte häufig, dass er nun „herausgehoben" ist aus dem Kreis der Menschen, um für sie das heilige Messopfer darzubringen. Es mag sein, dass in dem erwähnten Satz das Griechische 'hyper', das korrekt mit 'für' oder 'anstatt' übersetzt werden muss, auch 'über' bzw. 'über hinaus' bedeuten kann. Vielleicht hat diese Auslegung zum Betonung des „Herausgehoben-Seins" geführt.

Doch ganz unabhängig von der Auslegung dieser Schriftstelle war von Beginn der Weihe an der Priester derjenige, der für die Menschen das tägliche Gebet der Kirche, das Stundengebet hält, der den Menschen die Sakramente und Segnungen bringt, der vor allem die Vollmacht hat, Sünden zu vergeben, und der als Höhepunkt seines Amtes täglich die hl. Messe feiert. Das unterstreichen die liturgischen Kleider, meist kunstvoll gefertigt; das unterstrich auch die liturgische Sprache – das Latein – und dazu die vielfachen Rituale vom einfachen Segenszeichen, dem Ausspenden des geweihten Wassers oder der hl. Salbung bis hin zum Darreichen des Leibes Christi in der hl. Kommunion. Ein solcher Priester trägt auch im Alltag ein besonderes Gewand, vormals den Talar, später den schwarzen Anzug mit Kollar. Jeder, der ihm begegnet, soll wissen, er ist „herausgehoben" von den Menschen.

Man muss ganz klar das Vornehme, das Stilvolle, das Prägende, das Bestimmende dieses „herausgehobenen Standes" wahrnehmen, wenn man die besondere Stellung des Priesters in früherer Zeit wiedergeben möchte. Die Gemeinschaft der Priester bildete das Presbyterium. Sie beteten gemeinsam oder sangen gemeinsam das Chorgebet. Wenn sie beim Hochamt einander assistierten und feierlich um den Altar standen, hinterließ ihr Zeremoniell einen Ausdruck von Erhabenheit. Niemand nahm Anstoß, alle akzeptierten, wenn sie gemeinsam zu Tisch saßen, wenn sie gemeinsam ihre Themen besprachen und vielleicht sogar gemeinsam zu Spaziergängen aufbrachen. Man erachtete es sogar als Ehre, wenn man ihnen das Essen zubereiten oder ihren Haushalt erledigen durfte.

Nun gab es immer schon andere, ergänzende Bilder: Priester oder Ordensleute, die einfach einmal „zupackten", mit Schürze bekleidet beim Dienst an den Kranken oder bei der Arbeit in der Küche, an der Werkbank mit Hammer, Säge und Bohrer oder gar auf einer Bergtour. Etwas schrullig wirkten die Bilder, wenn einer im Talar gegen den Ball trat oder Gewichte hochstemmte. Naja, und wenn es zum Schwimmen ging, dann musste natürlich auch „Hochwürden" den Talar samt Gewänder ablegen und mit der Badehose ins Wasser eintauchen. Doch solche Bilder hielt man den Mitmenschen lieber verborgen. Man sagt, nur Geheimdienste kennen etwa Fotos von Papst Johannes Paul II., wenn er seine Bahnen im eigens errichteten Schwimmbad des Vatikan zog.

Priester sein „für" die Menschen: Das wurde zum Leitbild für die jungen Kleriker ab dem 2. Vatikanischen Konzil – auch für mich. Man wollte nicht „herausgehoben" sein vor den anderen. Man wollte „mit" den Menschen im Leben stehen, man wollte vor allem „für" sie da sein. Den Dienst am Altar verstand man als Feier des Gedächtnismahls Christi mit den Getauften, die um den Altar stehen. Die Spendung der Sakramente verstand man als Heilsdienst Jesu Christi für die Menschen, auf dass sie bei der Taufe hineingenommen werden in das Volk Gottes, dass sie bei der Firmung gestärkt und gefestigt sind für das christliche Bekenntnis, dass sie vereint seien mit Christus, mit seinem Leib und Blut in der hl. Kommunion, dass sie befreit und erlöst sind nach Versagen und Schuld und dass sie getröstet werden für die bitteren Tage des Leids bei Krankheit und in Todesgefahr. Da war es ganz natürlich, dass der Priester beim Gottesdienst mit den Versammelten an seine Brust klopfte und das Confiteor mit ihnen sprach, dass er mit ihnen die Lieder sang, dass er gemeinsam mit ihnen das Glaubenbekenntnis bekräftigte und die Bitten mit dem Volk vor Gottes Altar brachte. Es schien auch nicht mehr nötig, dass er im Alltag ein besonderes Gewand trug. Es war für den Priester eine Freude, wenn er eingeladen war zu einer Bergtour, um in Gottes schöner Natur einen Gottesdienst mit ihnen zu feiern. Er scheute sich nicht mit anzupacken, wenn es galt die Messgeräte und Bücher den Berg hochzuschleppen und auch wieder ins Tal hinunterzutragen. Er wollte mit dem Volk die Wege des Lebens gehen und einfach bei seinem Volk sein, um Leben und Leid, Hoffnung und Sorgen, Glauben und Angst mit ihnen zu teilen und zu leben.

Es gibt auch heute noch Unterschiede. Der eine Pfarrer setzt sich an die Seniorentafel, ein anderer ist gerne bereit auch einmal selbst den Kaffee aus der Kanne einzuschenken. Der eine freut sich, wenn fürs Pfarrfest alles schön hergerichtet und dekoriert ist, der andere hilft mit – im Rahmen des ihm Möglichen – beim Aufbau und Herrichten. Natürlich soll ein Pfarrer Hilfe in Anspruch nehmen. Er braucht sie auch in den tausend Dingen des Alltags. Doch im Allgemeinen weiß jeder Verantwortliche einer Pfarrei, dass es nicht schadet, einmal selbst den Kopierer in Gang zu setzen, einmal selbst die Tür zu öffnen, wenn es klingelt, oder einmal selbst eine Besorgung zu erledigen. Wer längere Zeit eine Pfarrei geleitet hat, weiß, dass Mitarbeiter – egal ob Gemeindereferent oder Pfarrsekretärin einmal ausfallen wegen Krankheit, wegen Urlaub, wegen Fortbildung oder wegen auswärtiger Termine. Nicht immer steht ein Vertreter Gewehr bei Fuß und weiß um alle Vorgänge. Wie gut, wenn der Pfarrer sich auskennt und wenn irgend möglich, das Nötige auf den Weg bringt. Außerdem gehen immer wieder Anfragen, Bitten oder Aufträge auch am Wochenende ein. Zuweilen ist eine sofortige Erledigung notwendig.

Ich selbst habe es jedenfalls so gehalten: Ein Pfarrer muss die Alltagspraxis kennen, sowohl im Pfarrbüro wie auch in der Sakristei. Man bedenke, dass das kirchliche Leben sieben Tage in der Woche in Gang ist. Natürlich wird man vorsorgen, dass auch ein Mesner einen freien Tag hat. Auch er möchte einmal Urlaub machen. Doch das Leben geht weiter. Selbstverständlich wird man für Ersatz planen, doch das wird nicht immer gelingen. Eine Person, die ausnahmsweise den Mesner vertritt, kennt sich in manchen Dingen, was die Sakristei betrifft, nicht so recht aus. Wie gut, wenn im Fall des Falles der Pfarrer oder auch ein anderer Mitarbeiter wissen, wo die nötigen Dinge liegen. Ich selbst habe z.B. kein Problem darin gesehen, das Nötige für eine Tauffeier auch ohne Mesner vorzubereiten. Ich persönlich kenne keinen Mitbruder, dem es nicht ähnlich ergangen ist. Das Bild von „Hochwürden" ist im Alltag eines Pfarrers längst passé. Wer nicht so denkt, der steht sich wohl selbst im Weg.

Für das Bild des Priesters – oder besser gesagt des Pfarrers – bedeutet dies freilich etwas anderes: Damit der Pfarrer entlastet ist von vielen, allzu vielen Alltagsaufgaben, braucht er Mitarbeiter oder Mitarbeiterinnen. Und es ist wichtig, dass diese möglichst wirksam, personengerecht und leistungsgerecht eingesetzt werden. Ich denke da an eine Primizfeier, wo der Prediger, selbst ein erfahrener Seelsorger, genau darauf die Betonung setzte. Gewiss ist ein Pfarrer nach wie vor der Bote und Spender des Heils, für diesen Dienst durch den Bischof geweiht und beauftragt. Doch seine tägliche Arbeit gleicht in vielem dem „Trainer", dem Manager, dem Planer, dem Moderator, dem Organisator, dem Impulsgeber. Dabei gilt: Je größer die Seelsorgseinheit wird, umso mehr an Übersicht, Planung, an Impulsen und Motivation für Mitarbeiter ist notwendig. Besonders gefragt ist dabei seine Fähigkeit, religiöse Impulse weiterzugeben an alle, die mitarbeiten – ob ehrenamtlich oder beruflich. Der Pfarrer oder wer immer die Leitung innehat, muss zum tieferen religiösen Verständnis des Dienstes für das Reich Gottes einladen. Ich gebe zu, ich war in dieser Hinsicht auch etwas träge. Ich empfinde es aber als richtig, wenn ein Seelsorger einmal in der Woche oder zumindest einmal im Monat mit seinen Mitarbeitern eine kleine Andacht oder ein Schriftgespräch hält, damit alle – er selbst eingeschlossen – wieder aus der Quelle ihrer Berufung schöpfen und neue religiöse Nahrung empfangen können.

Im Grunde ist das Thema der geistlichen Führung einer Gruppe, einer Gemeinschaft – etwa im Orden oder in einer großen kirchlichen Behörde oder eben in einer Pfarrei – nichts Neues. Es fand sich immer schon. Gründer kirchlicher Ordensgemeinschaften waren oft „Meister des Glaubens", die es vermochten ihre Mitbrüder immer neu anzuspornen auf dem Weg des gemeinsamen Gebets, der Sorge für Arme, der Sorge für Kranke, im Einsatz für den Glauben. In einer Zeit großer Umbrüche und Umwälzungen, wie wir sie erleben, müssen die Verantwortlichen der Kirche erkennen, dass die Mitte ihres Lebens und Arbeitens die Botschaft Jesu und das Gebet sind. In den Herausforderungen der Zeit kann nur bestehen, wer im Glauben verwurzelt ist, wer aber auch in der Lage ist, andere Mitmenschen – vor allem die Mitarbeiterinnen und Mitarbeiter – mitzunehmen und zu stärken im Dienst für den Glauben und für die Menschen. Ein Pfarrer, doch genauso ein Kaplan, Diakon und alle pastoralen Mitarbeiter müssen „geistliche" Menschen sein: Ihre letztlich einzige Kraftquelle ist Jesus Christus.

Es gibt aber noch einen wichtigen Unterschied gegenüber der früheren Zeit. Wie ich schon geschildert habe, war das klassische Bild des Pfarrhauses geprägt von einer Gemeinschaft von zwei, drei oder mehr Geistlichen, die eine „vita communis" pflegten. Sie begegneten sich in der Kirche beim Zelebrieren. Sie beteten teilweise miteinander das Stundengebet. Sie trafen sich bei Tisch, tauschten die Neuigkeiten aus und besprachen die anstehenden Aufgaben. Damit das alles gelingen konnte, waren im Haus eine oder auch mehrere Hausangestellte, die das Essen zubereiteten, die Wäsche besorgten, die Wohnungen reinigten und noch manches andere mehr. Ihre Lebensgemeinschaft war durchaus einem Konvent ähnlich. Nur wechselten die Kapläne des öfteren. Jeder konnte auch seinen Alltag freier gestalten als in einem Konvent. Doch diese Pfarrhaustradition findet sich heute nur noch in Ausnahmefällen.

Wenn der Pfarrer allein die Aufgabe der Seelsorge wahrnimmt, so wird er froh sein, wenn eine Pfarrhausfrau oder eben eine anderweitige hilfsbereite Person ihm das Essen zubereitet und die Hausarbeiten erledigt. Doch dies wird in Zukunft immer seltener der Fall sein. Es sind schon heute nicht wenige Priester, die allein im Pfarrhaus wohnen, die meisten Dinge des Alltags für sich allein besorgen und vielleicht einmal, zweimal die Woche von einer Zugehfrau unterstützt werden. So ein Pfarrer wird oft selbst am Herd stehen, den täglichen Abwasch regeln und mit Putzlappen und Staubsauger für Ordnung in seinem Wohnbereich sorgen. Auch in seiner Seelsorgsarbeit muss er allein planen, muss versuchen, allen Anforderungen nach Möglichkeit gerecht zu werden, angefangen von Taufen, Trauungen, Beerdigungen, Sitzungen von Pfarrgemeinderat oder Kirchenverwaltung, bis hin zu Vereinstreffen und Bitten um Hausbesuche. Er kann sich mit keinem Mitbruder austauschen oder absprechen. Ein gebildeter Mann ist gewiss in der Lage, dieses Alleinsein zu bewältigen – zumindest für eine bestimmte Zeit. Freilich ist die Gefahr groß, dass er vereinsamt, vielleicht sogar ein verschlossener und im schlimmeren Fall ein mürrischer Mensch wird. Wir wissen, dass viele Geistliche – vor allem dort, wo die Kirche mit geringen Finanzen ausgestattet ist – ihren Alltag auf diese Weise gestalten. Insofern ist allen Verantwortlichen in der Kirche klar: Das kann nicht das Modell der Zukunft sein.

Nicht allein der Mangel an Priestern drängt zum Umdenken. Nein, gerade die Vielfalt der Anforderungen an die heutige Seelsorge empfiehlt, den Rahmen etwas weiter zu spannen. Wenn ein Einzelner – wie oben kurz geschildert – allen Wünschen gerecht werden will, ist er bald überfordert. Viele Gläubige begrüßen es, wenn sie bei Gottesdiensten oder beim Sakramentenempfang verschiedene Geistliche erleben. Mehrere Seelsorger können und sollen auch mehr Vielfalt ins kirchliche Leben bringen. Die Pfarrmitglieder haben gleichsam ein Recht darauf, sich vermehrt um jenen zu scharen, der ihnen die besten Impulse gibt, der ihnen am meisten zuspricht. Aus diesem Grundgedanken stammt die Idee der Pfarrverbände oder Pfarreiengemeinschaften: Eine größere Vielfalt der liturgischen Feiern und der pfarrlichen Veranstaltungen wird einer pluralen Gesellschaft auch innerhalb der Kirche mehr gerecht. Dahinter verbirgt sich freilich ein gewisses Problem. Das Seelsorgerteam wird im Allgemeinen abklären und aufteilen, wer in den einzelnen Ortschaften bzw. Gemeindebezirken Ansprechpartner ist. Wenn diese Absprachen klug gehandhabt werden, dann wird es dennoch gelingen, an allen Orten bzw. Kirchen ein vielfältiges liturgisches Programm zu bieten. Achtsam muss man freilich sein, dass die Vernetzung der einzelnen Ortschaften lebendig bleibt und dass der Blick auf das Ganze nicht verloren geht.

Dabei ist freilich zu bedenken: Es kann mit den verschiedenen pastoralen Mitarbeiterinnen und Mitarbeitern keine so enge Hausgemeinschaft geben wie unter Kaplänen, Vikaren und anderen Geistlichen im alten Stil. Die meisten Mitarbeiter/-innen haben Familie. Sie wünschen und haben auch ein Recht auf ihre eigene Lebens- und Wohnwelt. Das Gemeinsame der verschiedenen pastoralen Dienste betrifft die Arbeitszeit, wenn alle soweit möglich im Pfarrhaus oder Pfarrheim ein Arbeitszimmer haben. Im Endeffekt freilich bleibt der Priester in seinem Wohnbereich allein, es sei denn er hat eine Pfarrhaushälterin, was freilich immer seltener der Fall sein wird. Das heißt: Im Alltag, bei seiner Arbeit trifft er viele Mitmenschen, Besucher, ehrenamtliche und hauptamtliche Mitarbeiterinnen und Mitarbeiter.

Doch beim Start in den Tag, beim Mittags- oder Abendtisch und am späten Abend ist er meist allein.

Dies alles hat große Auswirkungen auf das Selbstverständnis und -empfinden eines Pfarrers. Es ist nicht gut, wenn er sich vorkommt wie ein einzelner Ruderer gegen den Strom, wie ein Rufer in der Wüste, wie einer, der gegen die Brandung anstürmt. Auch viele Fragen rund um den Zölibat haben hier ihren Ursprung. Doch wer hier zu schnell urteilt, verkennt die Problematik. Denn auch der Verheiratete muss für den Haushalt sorgen, muss sich um Kinder kümmern, kann sich nicht einfach an den Tisch setzen. Der alte „Pascha" ist von vorgestern.

Die Lebensform des Priesters ist der Zölibat. Er ist ein Gebot der Kirche, genauer gesagt der westlichen Kirche – seit gut 1000 Jahren. Es gibt einen weiten Konsens, dass sein Ursprung im Mönchstum bzw. in den Klöstern liegt. Dort haben Frauen und Männer die Worte des göttlichen Meisters ernst genommen, weil sie erkannt haben, wer das Reich Gottes gewinnen will, muss hier auf Erden auf Wohlstand und Reichtum, auf Eigensinn, Selbstverwirklichung und Erfolg, auf Ehepartner und Familie verzichten. Nicht wenige haben diesen Ruf Jesu mit einer bis zum Letzten entschlossenen Ernsthaftigkeit angenommen, haben auf alles verzichtet, haben sich in die Einsamkeit zurückgezogen und in fast unmenschlicher Einfachheit gelebt. Das gilt für den berühmten Antonius von Ägypten, den Vater des Mönchtums, das gilt für den hl. Benedikt von Nursia, den hl. Franziskus, der die Regel der Armut so streng auslegte, dass nur noch die wenigsten seiner Gefährten ihm folgen wollten oder konnten. Ähnliches gilt für den Orden der Kapuziner, der Karthäuser, der Karmeliten und vieler anderer. Es besteht auch kein Zweifel, dass vor allem durch das Beispiel der Klöster die hohe christliche Kultur, die sich im 4. und 5. Jahrhundert gebildet hatte über die Zeit der Völkerwanderung in die Welt des christlichen Mittelalters hinübergeführt werden konnte. So wurden die Klöster zu den „Feuerstellen" des christlichen Lebens in

Europa. Der Mönch wurde der Inbegriff eines Dieners Gottes. Seine Lebensform wurde beispielhaft für alle, die in der Kirche eine besondere Aufgabe übernehmen wollten.

Die Versammelten auf dem wichtigen Konzil von Trient (1545–1563) erkannten, dass eine Erneuerung der Kirche, deren Notwendigkeit zu jener Zeit ganz offenkundig war, nur gelingen könne, wenn auch die maßgeblichen Diener der Kirche in fester, klar umrissener Lebensform ihren Aufgaben nachgingen. Das galt für den Papst in Rom, denn die Kirche litt am „Haupt" und an den Gliedern. Das galt ebenso für die Bischöfe und eben auch für den Klerus, also die Priester, die Pfarrer. Angesichts vieler Missstände wollte man die Lebensform der Geistlichen ähnlich dem der Mönche auf drei Säulen gründen:

a) durch eine sorgfältige Ausbildung in Seminaren und an Hochschulen
b) durch einen einfachen Lebensstil und
c) in Ehelosigkeit.

Trotz vielfacher Rückfälle und Verformungen ist diese Reform weitgehend geglückt. Der wissenschaftliche, wie auch der theologische und religiöse Bildungsstand des Klerus wurde deutlich verbessert. Die meisten Geistlichen hatten auf Grund der Gebühren für Messfeier und Sakramentenspendung ein ausreichendes Einkommen. Großen Wohlstand fand man nur bei den höher gestellten Amtsträgern, die häufig als Landesfürsten über umfangreiche Dotationen verfügten. Auch der Zölibat setzte sich über die ganze katholische Welt konsequent durch – trotz Verfehlungen.

Es wäre zu einfach, den Verzicht auf den Ehepartner, auf Kinder und Familie nur als großes Opfer oder massive Einschränkung herauszustellen und zu beklagen. Es gibt wahrlich viele Menschen, die keine Ehe gründen aus welchen Motiven auch immer. Auch sie müssen ihren Alltag und ihr Alleinsein bewältigen. Es wird nie gelingen, die Nachteile des Alleinseins gegen die Belastungen für einen Ehemann und seine Kinder gegenseitig aufzurechnen. Wahr und immer gültig ist das Wort der Bibel: Es ist nicht gut, dass der Mensch allein sei. Die Ehe ist von daher ein hohes Gut. Es gibt freilich keinen Zwang zur Ehe – das wäre auch verhängnisvoll. Und der Ehebund muss von gegenseitiger Liebe getragen sein, sonst wird er zur Last, wie viele Beispiele zeigen.

Im Grunde war es immer das Ziel: Die Priester sollen sich in ihrem Leben nach den evangelischen Räten ausrichten, also nicht nur auf die Ehe verzichten, sondern bescheiden und einfach leben, die eigenen Wünsche zurückstellen, dafür dem Bischof Gehorsam zeigen und mit Einsatzbereitschaft die Aufgaben übernehmen, die ihnen zugewiesen werden. Unzählige Priester haben in diesem Geist ihre Aufgaben wahrgenommen. Ich habe auch viel Verständnis, wenn Theologen und hochgestellte Persönlichkeiten diese Lebensweise als „wesentlich", als „unverzichtbar" für die große Gemeinschaft der Kirche herausstellen. Wer dem Reich Gottes dienen will, muss den „steilen Weg" oder das „enge Tor" nehmen, den Jesus seinen Jüngern gewiesen hat. Man kann und darf auch nicht leugnen: Die große Mehrzahl der Priester beachtete das Gebot des Zölibats seit Jahrhunderten, lebte in bescheidenen Verhältnissen und war oft bis ins hohe Alter bemüht, alle Dienste zu erfüllen, welche die Seelsorge am Ort erforderte. Wenn in verschiedenen Fällen Priester einen „zu weltlichen" Lebensstil zeigten oder gar das Gebot der Keuschheit durchbrachen, so kann man daraus keineswegs folgern, die ganze Ordnung des Priestertums sei verfehlt. Denn Versäumnisse, Verfehlungen und schwerwiegende Pflichtunterlassungen gibt es in allen Berufen. Auch die Ehe schützt nicht vor Verfehlungen, wie viele Alltagsprobleme demonstrieren. Leben und Wirken der Priester verlangen die Bereitschaft zu einem einfachen Lebensstil, zu Verzicht auf Ehe und Familie. Von ihnen wird ein uneingeschränkter und vom Glauben getragener Einsatz für das Reich Gottes erwartet. Diese Zielsetzung hat das 2. Vatikanische Konzil bekräftigt. So auch alle nachfolgenden Päpste.

Nun gibt es verschiedenste Versuche, dem Problem der Vereinsamung gegenzusteuern. Vielversprechend scheint, wenn ein Pfarrer sich einer der Pfarrei sehr verbundenen Familie anschließen kann, wo er dann mit den dortigen Menschen eine Hausgemeinschaft bildet und mit ihnen die freien Stunden verbringt. Man darf freilich nicht verleugnen, dass dies für eine Familie eine große Herausforderung darstellt. Denn dieses Zusammenwachsen in Freude und Leid, im Kummer und in der Hektik des Alltags, in den täglichen Herausforderungen mit Kindern und Jugendlichen ist für alle Seiten nicht einfach. Doch es gibt eine Reihe von Beispielen, wo dies gelingt.

Manche Pfarrer versuchen einen Mittelweg zu gehen. Ihre Hauptmahlzeiten nehmen sie in einem Kindergarten oder Altenheim zu sich. Frühstück und Abendessen regeln sie für sich allein. Die weitere Sorge für den Haushalt übernimmt eine Zugehfrau. Das kann gut gehen, verlangt aber vom Pfarrer Disziplin und Sorgfalt. Denn sein Tagesablauf ist so vielfältig, dass er oft nicht zum vorgesehenen Zeitpunkt zum Mittagessen erscheinen kann. Auch das hastig zubereitete Frühstück oder Abendessen kann zu gesundheitlichen Beeinträchtigungen führen, wenn es zu einseitig ausfällt.

Immer seltener werden die Fälle, dass ein Pfarrer eine Haushälterin oder Pfarrhausfrau, wie es im neueren Sprachgebrauch heißt, in Anstellung nehmen kann. Dies bietet dem Priester ein geordnetes Zuhause, regelmäßige, ausgewogene Mahlzeiten und ein Miteinander im Leben daheim. Das Zusammenleben mit einem anderen Menschen kann auch helfen die eigene Trägheit zu überwinden, die sich bei Alleinstehenden immer wieder zeigt. Nur noch selten wird eine verwandte Person bereit sein, diese Aufgabe zu übernehmen. Manche Geistliche können eine Teilzeitkraft in Dienst nehmen. Die Beschäftigung einer Vollzeit- Angestellten im Haushalt gemäß den Regeln des Steuerrechts und der Sozialversicherung zieht deutliche Kosten nach sich, obwohl diese Frauen sich mit einem sehr bescheidenen Einkommen begnügen.

Es ist auf jeden Fall von Vorteil, wenn das Pfarrhaus regelmäßig bewohnt, und z.B. auch am Wochenende in dringenden Fällen zu erreichen ist. Zutreffend ist, dass weder die Bezeichnung Haushälterin noch der Ausdruck Pfarrhausfrau sehr glücklich erscheinen und fast ein wenig erniedrigend wirken. Die Beschäftigung einer Angestellten, einer Magd oder einer Governante war ursprünglich nur den Höhergestellten möglich. Die Titulierung 'Pfarrhaushälterin' wirkt wie aus einer fernen Zeit, da Seelsorger noch „Pfarrherrn" genannt wurden. Es verstummen auch nie die Vorwürfe – meist versteckt, zuweilen ganz offen – die Pfarrer würden mit der Haushälterin ein eheähnliches Verhältnis pflegen. Eine Gegenrede ist in solchen Fällen nicht möglich. Wenn man das Thema des Zölibats vom Praktischen her bedenkt, zeigen sich eine Reihe von „Haken und Ecken". Dies alles muss bedacht werden, wenn man über die künftige Form priesterlichen Lebens diskutiert.

Die zölibatäre Lebensform bringt ein immer wiederkehrendes Problem im Umgang mit aufdringlichen Frauen mit sich, die zuweilen in guter Absicht Hilfsdienste anbieten, des öfteren freilich in aufdringlicher Weise – meist ohne wichtigen Grund – ein Gespräch suchen. Zuweilen etwas versteckt, manchmal aber auch in offener Weise suchen sie Kontakt mit einem „ungebundenen" Partner oder Gefährten. Ich glaube, kaum ein Priester kommt an solchen Erfahrungen vorbei. Verhängnisvoll in diesem Zusammenhang ist die Tatsache, dass heutzutage wohl die Mehrheit der katholischen Bevölkerung den Zölibat ablehnt und dessen Abschaffung erwartet. Wenn man es freilich nüchtern betrachtet, muss man zugeben, dass diese oder ähnliche Offerten der Annäherung auch anderen Berufstätigen begegnen: Ärzten, Lehrern, Handelsvertretern, Beamtinnen und Beamten.

Papst Johannes Paul II. sprach 1980 in Fulda die Hoffnung aus, dass sich nach einigen Jahren der Krise vielleicht bald neue Berufungen zeigen werden. Die Hoffnungen erfüllten sich leider nicht, zumindest nicht in Westeuropa. Man mag über die Hintergründe spekulieren, wie man will. Die freiwillige Entscheidung zum ehelosen Leben fällt jungen Menschen in der modernen Zeit schwerer denn je. Viele, denen die Kirche ans Herz gewachsen ist, beobachten mit großer Sorge den Mangel an Neupriestern und Priesterkandidaten. Sie fragen: Ist es der Wille Gottes, dass wir in großen Teilen Europas auf eine Welt zugehen, in der Priester zur „Mangelware" werden? Wie weit wird sich dadurch das Bild vom „christlichen" Europa wandeln?

Der Papst und die Bischöfe tragen die große Verantwortung für die Kirche der Zukunft in der Welt. Die Amazonien-Synode zum Beispiel hat sich 2019 besonders mit den Problemen in weiten Teilen Südamerikas befasst. Deren Ergebnisse sind von Bedeutung auch in anderen Regionen, lassen sich freilich nicht einfach übertragen. Die Situation der katholischen Kirche ist sehr unterschiedlich: so in Japan oder in Indien, in Afrika oder in Russland, in Ost- bzw. in Westeuropa. In Bezug auf Deutschland und das westliche Europa stellt sich die große Frage: Wird es weiterhin eine Kirche geben, die geprägt ist von einem Priester an zentraler Stelle der Seelsorge mit der Feier der sonntäglichen Eucharistie als Mittelpunkt? Lässt sich dies verwirklichen bei den hohen Anforderungen an die jeweiligen Priesterkandidaten in Bezug auf einfachen Lebensstil, Gehorsam, Ehelosigkeit und den Anforderungen an ein qualifiziertes Studium in philosophischen, theologischen und pastoralen Fächern? Alle Verantwortlichen verweisen zunächst auf die Auffächerung der pastoralen Berufe und der vielfältigen anderen Dienste. Doch das eigentliche Problem ist damit nicht gelöst. Es rollt jedoch massiv auf unsere katholischen Gemeinden zu.

Noch ein Gedanke scheint notwenig angesichts des Missbrauchsskandals, der seit über 20 Jahren die katholische Welt erschüttert. Ich fühle mich nun wahrlich nicht zur detaillierteren Beurteilung berufen, denn ich bin einem solchen Fall bislang nicht begegnet. Allen Formen des Missbrauchs von Kindern und Jugendlichen muss entschieden und klar entgegengetreten werden. Doch es ist kein rein kirchliches oder gar katholisches Problem. Nachdenklich macht, dass die Öffentlichkeit die unfassbare Menge an sexueller Gewalt gegenüber Kindern und Jugendlichen in allen Lebens- und Berufsbereichen bis heute nicht richtig wahrhaben will. So weit ich lesen konnte, erkennt die Fachwelt kein einheitliches Verhaltensmuster bezüglich der menschlichen und psychischen Ursachen dieses entsetzlichen Fehlverhaltens von Erwachsenen. Der Hinweis auf sexuelle Unreife trifft sicher zu. Doch letztlich scheint jeder Fall anders gelagert. Wirksame Gegenmaßnahmen sind daher schwierig und können nicht frei Haus geliefert werden. Ich stimme den Verantwortlichen der Kirche bei, die betonen, in der Ausbildung der künftigen Seelsorger müsse sorgfältiger auf die seelische und sexuelle Ausgewogenheit der Kandidaten geachtet werden.

Nach diesem Ausblick auf die besonderen Aspekte des Zölibats, der für jeden Pfarrer einschneidende Konsequenzen mit sich bringt, möchte ich zum Alltag eines Pfarrers zurückkehren. Nicht selten wird darauf hingewiesen, dass schon in der praktischen Ausbildung künftige Priester vorbereitet werden müssen, eigenständig einen geregelten Haushalt zu führen. Sie müssen lernen, selbst ein einfaches, aber doch nahrhaftes Mahl zuzubereiten, ihre Kleidung sauber und ihren Wohnbereich in Ordnung zu halten. Denn in den Seminaren ist immer alles vorbereitet: Das Essen steht fertig auf dem Tisch, die Zimmer werden vom Personal gereinigt, auch die Wäsche wird von hilfreichen Kräften oder auswärts in einer großen Wäscherei besorgt.

Ja, im Selbstverständnis, in der Gestaltung und Ausrichtung des Alltags eines Priesters hat sich viel verändert und wird sich weiter verändern. Entscheidend wird sein: Was bleibt? Woran wird sich Leben und Alltag eines Pfarrers künftig orientieren? Wie wird er es schaffen, seinen Dienst glaubwürdig und umsichtig zu erfüllen? Ich möchte ein paar Leitideen skizzieren, wohl wissend hier nur ein paar Aphorismen nennen zu können. Aber ich versuche es.

- Als erstes nenne ich die persönliche Verankerung im Glauben an Gott. Ein aktiver Seelsorger wird sich immer mit Gott verbunden wissen auf Grund der zahlreichen Messfeiern, Andachten, Gebetsstunden, Begräbnisfeiern und Feiern der Sakramentenspendung, die ihm angetragen sind. Ich erinnere mich: Gar nicht so selten stürzten die Aufgaben scharenweise auf mich zu; da kam ich in der Woche auf 11, 12 oder mehr Messfeiern, dazu vielleicht noch Wort-Gottes-Feiern, Andachten, Beichtgelegenheiten und anderes. Doch es ist ein Unterschied, ob ein Priester sozusagen im „Amt" betet oder ob er sich still ins Gebet versenkt oder über Gottes Wort nachsinnt. Letzteres tritt schnell in den Hintergrund. Ein jeder Seelsorger wird es bestätigen. Es ist wichtig, immer wieder zum Gebet und zur Meditation zurückzukehren. Die ganz persönliche Beziehung zu Gott, das Warten auf seine Weisung – und diese geschieht meist ganz leise – darf nicht verloren gehen. Die Gläubigen spüren auch, wie sehr der Seelsorger am Altar innerlich mit Gott in Verbindung steht, wie sehr er ein „Geistlicher" ist. In diesem Punkt muss jeder Priester sich selbst immer wieder kritisch hinterfragen lassen.
- Als zweites: Es darf sich kein Seelsorger in seiner Arbeit „verlieren". Zeit für eine Besinnung auf die bevorstehenden Aufgaben, eine Planung für den Tag ist unbedingt notwendig. Es gilt die alte Regel. Überlege jeden Tag: Was will ich erreichen? Was brauche ich dafür? Wer oder was kann mir dabei helfen?
- Ich greife gerne eine vortreffliche Anregung des verstorbenen Aachener Bischofs Klaus Hemmerle auf. Er formulierte: „Wichtiger als das, was ich tue, ist, was ich in Gemeinschaft tue." Dies gilt in einem doppelten Sinn. Jede Pfarrei oder Pfarreiengemeinschaft darf und soll sich Anregungen von anderen Gemeinden nehmen. Ein „gesunder" Wettstreit unter den Gemeinde kann anspornen. Hilfreich ist es, von einander zu lernen und manche Dinge vielleicht in Kooperation anzugehen. Es kommt nicht darauf an, als „erster" ins Himmelreich zu gelangen, wohl aber immer danach zu streben.

- Ähnliches gilt im Seelsorgerteam. Nur selten kann einer allein schwierige Aufgaben erledigen. Wichtige Ziele müssen gemeinsam angegangen werden, mit Vertretern aus kirchlichen Gremien, mit Bekannten oder Fachleuten, mit Partnern, die ich kenne und schätze. Teamgeist ist und bleibt eine der wichtigsten Eigenschaften eines Seelsorgers. Auch der Pfarrer an leitender Stelle muss bereit und fähig sein zur Delegation. Es gilt die Aufgaben klug abzuwägen und danach überlegt an Mitarbeiter zu übertragen. Die Arbeit des Einzelnen muss im Team verzahnt sein. Gemeinsam erreicht man mehr. Und – es darf und muss auch einmal etwas liegen bleiben!
- Jeder Mensch erfährt im öffentlichen Leben immer wieder Gegenwind. Unsere demokratische Welt lebt gerade davon, dass nicht einer allein alles entscheidet. Jeder, der Verantwortung trägt, muss sich auch kritisch hinterfragen lassen. Nun ist dieser Geist innerhalb der Kirche noch nicht so recht angekommen. Pastorale Mitarbeiter oder Mitarbeiterinnen stoßen meist schneller auf Kritik als vielleicht der Pfarrer. Viele wagen es (noch?) nicht, einem Pfarrer zu widersprechen oder gar ihn offen zu kritisieren. Doch gute Lösungen lassen sich hinterfragen, redliches Mühen kann sich auch der Kritik stellen. Schließlich sind wir alle unvollkommen und vermögen nur ein „mageres Süppchen" zu kochen. Toll, wenn Kritik Schwachstellen offenlegt und zum Weiterdenken anregt.
- Ein weiterer Schlüssel für einen guten Seelsorger ist es, seine Worte treffend, sicher und ermutigend einzusetzen. Es ist hilfreich, ein Ziel klar im Blick zu haben und es Partnern überzeugend vorzustellen. Bei schwierigen Unterfangen gilt es, Mut zu machen und das Selbstvertrauen zu stärken. Die immerwährende Schulung und Weiterformung seiner eigenen Ausdrucksweise ist eine Grundforderung. Wer ein Ziel klar benennt, wird es auch erreichen: das ist ein altbewährter Grundsatz.
- Und schließlich wünsche ich jedem Seelsorger den Mut, immer wieder Neues zu wagen. Eine Pfarrgemeinde darf sich nicht begnü-

gen, einfach zu „funktionieren". So wichtig es ist, dass alle Dienste regelmäßig und zuverlässig angeboten, so müssen doch immer auch neue Ziele gesetzt werden. Der Blick auf andere Pfarreien, wo vielleicht manches besser läuft, mag hilfreich sein. Doch letztlich kocht jeder Pfarrer, jede Pfarrgemeinde „nur mit Wasser". Wach und hellhörig auf die Erwartungen der Menschen zu achten und dann einen neuen Aufbruch, einen neuen Versuch, einen neuen Impuls zu wagen, macht den Kern einer lebendigen Pfarrgemeinde aus. Das Leben läuft nicht im Kreis, sondern will und muss sich entfalten, will weiter wachsen oder – um beim Bild des Kreislaufs zu bleiben – will sich höher oder tiefer oder weiter „schrauben". Dabei gilt: Alles, was wir tun, ist immer nur Stückwerk. Nur der, „der auch auf krummen Zeilen gerade schreiben kann", kann bewirken, dass der Glaube lebt.

15. Abschließende Überlegungen

A) Gottesdienst und „geistliche Heimat"

Wer meine Ausführungen bis hier gelesen hat, wird spontan die Frage stellen:
„Hat das Priestertum Zukunft?"
Darauf lässt sich nicht einfach mit Ja oder Nein antworten. Ich möchte als erstes rückblickend betonen: Ich war gerne Priester. Ich war gerne Pfarrer. Nicht weil ich viel Erfolg gehabt hätte. Nein, das wäre viel zu oberflächlich. Außerdem kann man im Pastoralen nie von „Erfolgen" sprechen. Der Erfolg ist Sache Gottes. Ich will und brauche auch keine Schwierigkeit leugnen oder verdrängen. Das Amt des Pfarrers hat mich oft bis an meine Grenzen gefordert. Doch ich erinnere mich auch an viele, viele ergreifende Erlebnisse bei Gottesdiensten, bei Feierstunden, bei besonderen Ereignissen. Ich denke zurück an viele frohe harmonische Stunden mit anderen Menschen, mit Verbänden, mit Gremien oder bei abendlichen Treffen. Ein Seelsorger kommt viel mit Menschen ganz unterschiedlicher Herkunft zusammen. Oft erzählen sie von Freuden, von Schwierigkeiten, von ganz persönlichen Problemen oder auch von ihrer seelischen Not. Gerade die Welt des Religiösen, des „Voll-Menschlichen" wie ich sagen möchte, erlaubt tiefgreifende Begegnungen. Es gibt wahrscheinlich nicht viele Berufe, die in ähnlicher Weise sagen können: Ich bin nahe an den Menschen. Dies ist auch das Schöne am Beruf des Seelsorgers, des Pfarrers am Ort. In diesem Sinn hat er es besser als Priester in höheren Stellungen. Diese treffen zwar auch viele Mitmenschen. Doch es geht meists um sehr sachbezogene Themen. Ein Pfarrer am Ort hingegen spürt nach einigen Monaten, dass er einbezogen, ja eingebettet ist in eine Art größerer Familie. Dies macht den Reiz dieses Berufes aus.

Ich möchte dies herausstreichen und betone von daher für eine zukünftige Reform der Pfarreien und Pfarreiengemeinschaften: Dieses Berufsfeld „muss" erhalten bleiben! Das gilt gerade auch in der gegenwärtigen Situation, da die Zahlen der Priesterkandidaten deutschlandweit auf einem sehr niedrigen Niveau verharren, so dass mit Sicherheit behauptet werden kann, die Priester im aktiven Seelsorgsdienst werden noch deutlich weniger werden. So ist verständlich, dass eine Pfarrgemeinde mit etwa 3000 Katholiken nicht mehr einen Pfarrer für sich allein beanspruchen kann. Ich spreche mich aber ganz strikt dagegen aus, Pfarreiengemeinschaften mit mehr als 10.000 Katholiken zu gründen, also mit vielleicht 20.000 oder gar 50.000. Die Zahl von 10.000 Katholiken ist in meinen Augen die maximale Größe, die sich noch in einer Form mit zwischen-menschlichen Kontakten und der Erfahrung einer „Pfarrfamilie" bewältigen lässt. Dabei mag die Ausgangslage in Diasporabereichen noch anders zu bewerten sein; dazu bin ich nicht in der Lage. Ich gehe jetzt von Gemeinden mit einer mehr katholisch-christlichen Prägung aus.

Da taucht natürlich die Gegenfrage auf: Was macht man mit den vielen anderen Gemeinden für die es keinen Priester mehr geben wird? Ich weiß, dass das Kirchenrecht die strenge Anweisung gibt, nur ein Priester kann eine Pfarrei leiten. Doch diese Canones c.515 ff. können die große Not ob des Priestermangels nicht lösen. Verschiedene Bistümer wie die Erzdiözese München-Freising haben Lösungen für die Team-Leitung einer großen Pfarreiengemeinschaft erarbeitet, die sicher in die richtige Richtung weisen. Es ist freilich absehbar, dass es bald Leitungsteams ganz ohne Priester geben wird. Die Schaffung überdimenionaler Pfarreiengemeinschaften scheint mir dabei menschlich gesprochen unrealistisch. Für die betroffenen Mitarbeiter/-innen, egal ob Laien oder Diakone oder Priester, ist es eine absolute Überforderung. Das wirkt, wie wenn das Kirchenrecht für wichtiger geachtet wird als das Menschliche, das Persönliche.

Echte Seelsorge wird immer zum Ziel haben, den Menschen im Glauben eine „Heimat" zu geben. Ein Pfarrer im ländlichen Raum wird dies unverzüglich bestätigen. Auch in der Großstadt wie München habe ich oft erlebt, wie die Menschen sich als Ramersdorfer, als Haidhauser, als Milberthofener, Freimanner verstanden und das nicht nur auf den Stadtbezirk bezogen, sondern auch auf ihre Kirche und Pfarrgemeinde. Den Menschen „Heimat im Glauben" zu geben, vermag nicht allein der Priester; es vermag genauso ein Diakon, ein Pastoralreferent, ein Gemeindereferent, ebenso eine Referentin. Gleiches tun auch manche Vorsitzende einer Kolping-, einer KAB-Gruppe, eines Zweiges des Frauenbundes oder der Frauengemeinschaft und viele andere Versammlungen, zusammengehalten im gemeinsamen Glauben.

Und wie wird dieser Glaube spürbar, erlebbar: Dies zeigt sich im gemeinsamen Hören auf Gottes Wort, im Erwägen der Botschaft Jesu, im gegenseitigen Austausch der Glaubenserfahrung. Dies geschieht in den verschiedensten Formen von Andachten, Meditationen, Gebetsstunden, Anbetungen, Betrachtungen oder Wort-Gottes-Feiern; ja und natürlich ganz besonders in der Feier der Eucharistie, dem Höhepunkt aller Gottesdienstformen. Doch steht uns allen klar vor Augen: Die Feier der Eucharistie wird künftig kaum mehr in allen Kirchen unserer Diözesen möglich sein, nicht einmal an den Sonntagen, vielleicht nicht einmal jeden Monat.

Es ist völlig unrealistisch, die Augen vor dieser für uns alle bitteren Aussicht zu verschließen. Das wäre wahrhaft die Haltung des „Straußenvogels"! Ich lobe mir da die Idee eines Mitbruders im Voralpenland. Er gab seinem Pfarrverband die Devise: „Ich wünsche, dass in jeder Kirche und Kapelle am Sonntag eine gottesdienstliche Feier stattfindet." Sein Pfarrverband bestand aus mehreren Kirchenstiftungen. Dazu gab es auch noch etliche Kapellen in kirchlichem oder privatem Besitz. Er als einziger Priester war bemüht, jedes Wochenende 2-mal die hl. Messe an unterschiedlichen Kirchen zu zelebrieren. Doch er drängte die Gläubigen, sich auch in den anderen Gotteshäusern zu versammeln. Einige übernahmen die Lesungen vom Sonntag, andere lasen gemeinsam einen Andachtstext, andere hielten das Stundengebet oder sie beteten den Rosenkranz. Er betonte, dass auf seine Einladung hin mehr Gläubige sich zum gemeinsamen Gebet versammelten als vordem, wo lediglich an zwei Kirchen Messfeiern stattfanden. Das Motto war: Die einmal errichtete und zur Ehre Gottes geweihte Kirche oder Kapelle soll eine Aufforderung sein, dieses Haus jeden Sonntag mit Gebet und Lobpreis zu erfüllen. Ein Gedanke, der mich als Mitbruder überzeugte.

Natürlich lässt sich dieses Modell nicht einfach auf die Welt der Städte übertragen. Doch gerade in den Großstädten, wo häufig die Hochhäuser, Fabrikhallen und „Wohnsilos" einzelne Kirchen völlig verdecken, muss es ein Ziel sein, in jedem Gotteshaus Sonntag für Sonntag Menschen zum Gebet zusammenzuführen und da dies oft nicht mehr im Rahmen einer Eucharistiefeier sein kann, dann eben als Wort-Gottes-Feier oder als Gebetsstunde. Ich kann eine Kirche noch so schön schmücken mit Dekor und Blumen. Wenn sie nicht regelmäßig mit „Menschen geschmückt" wird, verfehlt sie ihr Ziel.

Ein Einwand wird fortwährend gegenüber diesen Gedanken eingebracht: Aber die Sonntagspflicht erfülle ich nur, wenn ich die hl. Messe besuche. Das ist richtig. Das ist die Bestimmung des Kirchenrechts. Es heißt jedoch einschränkend, wenn es mir möglich ist. Ich denke dabei an Bischof Georg Zdarsa, den ehemaligen Oberhirten von Augsburg, der immer betont hat: Es ist für heutige Menschen doch kein Problem, fünf oder zehn oder auch zwanzig Kilometer mit dem Auto zu fahren. Sie tun es für ihre Einkäufe auch. Er hat auch betont, es sei besser, einen Gottesdienst für hundert Besucher zu halten, als zehn mit jeweils nur zehn Besuchern. Ich stelle dem freilich die Erfahrung entgegen: Glaube will „beheimatet" sein. Angesichts einer „Welt ständig in Bewegung" mag dies widersprüchlich erscheinen, Dennoch berufe ich mich auf meine jahrelangen Erfahrungen in der

Seelsorge. Gerade in Dingen des Glaubens suchen Menschen einen Halt, suchen sie „Heimat".

Es wird – zu Recht – betont, die Feier der Eucharistie ist die christliche Feier des Sonntags. Denn der Auferstandene ist am Tag nach dem Sabbat den Jüngern erschienen und hat mit ihnen Mahl gehalten. Sie haben ihn erkannt, als er das Brot vor ihren Augen brach. Die Eucharistie ist einzigartig. Keine andere Form des Gebets oder der gottesdienstlichen Versammlung kommt ihr gleich. Sie ist der Höhepunkt der Liturgie. Sie muss auch als solche Feier herausgehoben werden. So erscheint es keineswegs ideal, wenn ein Priester an jedem Wochenende drei- oder vielmal die hl. Messe feiert. Viele Priester werden es so halten, weil einfach die Anfragen vorliegen.

Es ist freilich notwendig, auch den Wert der Wort-Gottes-Feier und der übrigen Gebets- und Andachtsformen herauszustellen; wohlgemerkt nicht als Konkurrenz oder gar als Gegenstück zur Eucharistie. Dies ließe sich vom christlichen Glauben her niemals rechtfertigen. Doch wenn an einem Ort eine Wort-Gottes-Feier vorbereitet und in frommem Sinn gehalten wird, so geschieht dort „Lob Gottes". Alle Anwesenden erheben ihr Herz zu Gott, hören sein Wort, bekennen sich zu ihm und sagen ihm in der Schlichtheit ihres Herzens ihre Bitten und Anliegen. Niemand wird leugnen können: Sie „heiligen" dadurch den Sonntag, den Tag des Herrn. Und das ist die Mitte des 3. Gebots vom Sinai, wenn man es in die christliche Lebenswelt überträgt. Ich als Seelsorger halte es für richtig, die Gläubigen zur Teilnahme an der Wort-Gottes-Feier zu ermutigen und ihnen zu bekräftigen: Sie tun dadurch, was Gott im 3. Gebot uns aufgetragen hat.

Überhaupt kann ich der Befürchtung, durch Wort-Gottes-Feiern und andere Andachten würde der Wert der Eucharistie gemindert, nichts, aber auch gar nichts abgewinnen. Die Gläubigen wissen es zu schätzen, wenn in ihrer Mitte am Sonntag eine Wort-Gottes-Feier abgehalten wird, wenn sie gemeinsam Lieder zu Ehren Gottes singen und wenn in einer gediegen vorbereiteten Predigt die Botschaft Jesu ausgelegt wird. Doch ihre Wertschätzung für die Eucharistie wird dadurch in keiner Weise gemindert. Man kann es hundertfach erleben, wie die Gläubigen bei den verschiedensten Anlässen z.B. Gedenkgottesdienst für einen Verstorbenen, Gottesdienst für einen Schuljahrgang, Feier eines Jubiläums und vieles mehr mit Vorliebe die Feier der Eucharistie wünschen. Nein, die Sorge, eine Wort-Gottes-Feier würde den Wert der Eucharistie schmälern, ist einfach nicht zutreffend.

Freilich möchte ich dabei einen kleinen, aber mir wichtigen Zusatz einfügen. Ich weiß nicht genau, warum und woher es üblich geworden ist, bei jeder Wort-Gottes-Feier, zum Teil auch bei Andachten, an die Anwesenden die Kommunion auszuteilen. Vor über 40 Jahren, im Jahr 1979, hatten sich die Mitglieder der Glaubenskommission der deutschen Bischöfe mit dieser Frage beschäftigt und dabei die Gefahr benannt, dass bei regelmäßiger Verbindung von Wort-Gottes-Feier und Kommunionausteilung viele Gläubige diese Form als eine „Messe ohne Hochgebet", eine „Messe ohne Wandlung" oder eine „Messe im Kleinen" verstehen und deuten. Soweit ich weiß, fand diese Feststellung auch die Zustimmung der gesamten Bischofskonferenz. In der Praxis hat sich freilich kaum etwas geändert. Dabei bleibt festzuhalten: Wird die Wort-Gottes-Feier als eine Gebet- und Wort-Feier gehalten, so muss man dies vorab den Gläubigen erklären und ihnen verdeutlichen, dass dies immer ein „Gottesdienst" ist, also eine kirchliche Feier zur Ehre Gottes. Als wir seinerzeit im Pfarrverband Prien Wortgottesdienste eingeführt haben, war unser Vorhaben von Anbeginn, diese als reine Wort-Gottes-Feiern ohne Kommunionausteilung zu halten. Wir waren uns bewusst, wenn man dies von Anfang an vorsieht, besteht nicht die Gefahr, Wortgottesdienst und Eucharistiefeier miteinander zu verwechseln. Ich habe dies den Gläubigen erläutert und sie gebeten, diese Form des Gottesdienstes anzunehmen und sie gebeten, durch ihre Teilnahme den Helfern, die ehrenamtlich die Vorbereitung und Durchführung übernommen haben, Zuspruch und Anerkennung zukommen zu lassen. Ich kann versichern, dass dies von den Gläubigen auch verstanden und angenommen wurde. In einem zweiten Schritt die Wort-Gottes-Feiern mit Kommunionausteilung zu halten, stellt dann kein Problem dar; wenn man den umgekehrten Weg geht, kann es jedoch geschehen, dass reine Wortgottesdienste als „zweitklassig" abgewertet und dann eher gemieden werden.

Ein weiterer Aspekt scheint mir beachtenswert. Wenn in einer Pfarreiengemeinschaft in jeder Kirche zumindest alle zwei oder drei Wochen eine Messfeier stattfindet, dann sind natürlich genügend Hostien im Tabernakel. Ich weiß nicht, ob es sinnvoll ist, geweihte Hostien über einen Zeitraum von drei, vier oder mehr Monate für jeweilige Sonntagsgottesdienste ohne Priester im Tabernakel aufzubewahren oder die geweihten Hostien mit dem Auto weit über die Lande zu kutschieren. Ich kenne nun die Praxis in Missionsländern nicht, wo man vermutlich schon länger Erfahrungen mit Priestermangel hat. Ich befürworte hier den geradlinigen Weg. Die Gemeinden sollen sich versammeln, am besten jeden Sonntag. Sie sollen gemeinsam beten, singen, das Wort Gottes hören und überdenken. Dazu sind sie kraft ihrer Taufe und Firmung berufen, auch wenn kein Priester da ist oder nur wenige Male im Jahr vorbeikommen kann. Ich bin überzeugt, die Wertschätzung der hl. Messe mit Hochgebet und Kommunionempfang wird für sie nur noch kostbarer.

Mir scheint auch sinnvoll, zu unseren evangelischen Mitchristen zu schauen. Gemäß den Grundsätzen der Reformatoren war für sie – kurz zusammengefasst – die Wertschätzung des Wortes Gottes zur Mitte ihres Glaubens geworden. Vielfach wurde die Kanzel zum Mittelpunkt ihres Gotteshauses. Der Vers aus dem Brief an die Hebräer wurde zum Leitspruch: Lebendig ist das Wort Gottes, kraftvoll und schärfer als jedes zweischneidige Schwert. (Hebr. 4,12) Dieses Wort erlangte umso mehr Gewicht, als man von Beginn an die Leute in ihrer Muttersprache anredete. Ich glaube, die gegenwärtige Zeit möchte uns an die Worte aus dem Brief an die Hebräer erinnern und mahnen, dass wir unsere Ohren schärfen für die Worte der heiligen

Schrift und dass wir uns nicht scheuen, diese heiligen Worte in die Mitte der gottesdienstlichen Feier zu stellen.

B) Zukunft der Kirche

Mit Beschluss aus dem Jahr 2019 wollen die Bischöfe Deutschlands zusammen mit einem qualifizierten Gremium Zukunftsfragen der katholischen Kirche angehen. Ich begrüße dieses Unterfangen des „Synodalen Wegs". Ich halte ihn für sinnvoll und notwendig. Gerade im Hinblick auf die Rolle und die Aufgabenstellung der Priester bzw. der Pfarrer stehen große Veränderungen an. Schon seit Jahrzehnten stellt die geringe Zahl an Priestern die Bischöfe und deren Verwaltungen vor immer größere Probleme. Und diese werden sich noch steigern, ja ich möchte fast sagen „explodieren". Wenn in unserem großen Land bei etwa 23.000.000 Katholiken im Jahr nur knapp 30 Priester geweiht werden, einige Diözesen überhaupt keinen Neupriester in ihre Reihen stellen können, dann sprechen die Zahlen Bände. Auch die Zahl der Priesterkandidaten in den Seminaren bewegt sich weiterhin auf sehr niedrigem Niveau; und es muss berücksichtigt werden, dass der Weg vom Beginn des Studiums bis zur Weihe im Regelfall acht Jahre beträgt. Natürlich wird das Ganze ein wenig abgemildert durch ausländische Priester, die zum Teil gute Arbeit leisten. Positiv zu Buch schlagen auch die anderen pastoralen Berufe wie Ständige Diakone, Pastoral- und Gemeindereferenten, letztere beiden einschließlich der Frauen. Bemerkenswert mag freilich sein, dass auch die Zahl der Bewerber für diese Berufe eher stagniert, wie überhaupt die Zahl der Studenten im Fach Theologie abnimmt.

Trotz allem: Es gibt Signale der Hoffnung. Das zeigen etwa die großen Katholikentage. Man braucht nur auf den religiösen Büchermarkt zu schauen: Die Menschen suchen, fragen nach Religion, nach Spiritualität. Und unsere immer kompliziertere Welt, die viele verunsichert, hinterlässt viele, die die Hand nach einem rettenden Seil oder einem „sicheren" Hafen ausstrecken. Werden sie bei den Kirchen, speziell bei der katholischen Kirche das Gesuchte finden? Angebote in guter Qualität mit spirituellem Tiefgang gibt es reichlich. Doch es gibt auch das Gegenteil: Ich nenne sie „Irrlichter", „Nebelkerzen" mit falschen, absurden Verlockungen.

Es steht nun außer Frage, dass die katholische Kirche einige „Hausaufgaben" zu erledigen hat, um die Weichen für die Zukunft zu stellen. Im Hinblick auf den Synodalen Weg fürchten nicht wenige, dass sich die Diskussionen zu sehr um Frauenordination, um viri probati bzw. verheiratete Priester drehen werden, was außerhalb der Kompetenz der Bischöfe liegt. Ganz richtig hat Kardinal Marx definiert, dass es bei Anerkennung des geltenden Kirchenrechts und der Weisungen des Papstes zu überlegen gilt: Was erwarten wir heute von den Priestern, von den Diakonen und den übrigen pastoralen Mitarbeiterinnen und Mitarbeitern? Wie muß die Kirche in Deutschland strukturiert werden, damit das Evangelium zu den Menschen gebracht, damit der Glaube gelebt, damit die Sakramente und Segnungen der Kirche empfangen werden können? Es macht keinen Sinn, über verheiratete Priester zu spekulieren, wenn die kirchliche Ordnung hier klare Grenzen zieht. Doch es wird entscheidend sein, wie wir Dienst und Aufgabe der wenigen Priester, die zur Verfügung stehen, ausrichten, damit sie ihr Charisma zum Wohl der Gemeinden entfalten und einbringen können. Ich kann nur begrüßen, wenn die Fragen der priesterlichen Lebensform, des künftigen Priesterbilds und der Priesterausbildung sich an zentraler Stelle im Programm des Synodalen Wegs finden.

Ich möchte deshalb einige Kernpunkte meiner bisherigen Darlegungen noch einmal hervorheben:
- Der Priester muss in erster Linie Seelsorger am Ort, Begleiter von und für Menschen sein. Sein Arbeitsfeld muss persönliche Begleitung und Menschenführung ermöglichen. Pfarreiengemeinschaften von überdimensionaler Größe dagegen überfordern und entmutigen.

- Es ist wünschenswert, wenn ein Priester seinen Alltag eingebettet in einer „vita communis" verbringen darf. Deren Form und Gestalt wird man immer den Einzelnen überlassen müssen und es wird nicht immer gelingen. Im Rahmen seiner Ausbildung muss sich jeder Priester danach ausrichten, seinen Hausstand auch allein bewältigen zu können.
- Alle Bemühungen, Priester von Verwaltungsaufgaben zu befreien, sind gut und zu begrüßen. Dies betrifft insbesondere die Frage: In welchen Gremien der Pfarrei soll der Pfarrer mitwirken? Wo kann er sich vertreten lassen?
- Zu überlegen ist ferner, wie weit Priester im schulischen Religionsunterricht aktiv sein sollen.
- Das Amt des Dekans belastet den betreffenden Pfarrer zu einem nicht geringen Anteil; ich würde es auf ca. 25 % der Arbeitszeit beziffern. Dieses Amt sollte auch pastoralen Mitarbeitern oder Mitarbeiterinnen übertragen werden können, vor allem den praktischen Aufgabenbereich. Der entsprechende Passus des Kanonischen Rechts (can. 553 ff.) müsste entsprechend modifiziert werden. Wahrscheinlich müssen auch die Dekanatsbezirke neu geregelt werden.
- Unabhängig von der Frage, welches Gotteshaus, welches Pfarrhaus, welches Pfarrheim erhalten bleiben soll und welche künftig zu veräußern sind, soll es zur Regel werden: In jeder Kirche – ausgenommen kleine Kapellen – soll an jedem Sonntag ein Gottesdienst stattfinden, als Messfeier, als Wort-Gottes-Feier, als Andacht oder in Form eines gemeinsamen Gebets wie Rosenkranz, Kreuzweg etc. Die Gotteshäuser sollen lebendige Orte des Glaubens sein.
- Es ist wichtig, dass die Gläubigen den Wert von Wort-Gottes-Feiern erkennen und schätzen lernen. Diese Wertschätzung wird der Eucharistiefeier keinen Abbruch tun. Wort-Gottes-Feiern sollen vorrangig ohne Kommunionausteilung stattfinden.
- Eine Vielfalt der Gottesdienstformen soll gepflegt werden; dabei ist besonders an Kinder und Jugendliche zu denken.

- Die Praxis der „Hauskirche" muss mehr geweckt und gepflegt und wohl auch mehr vertieft werden. Man bedenke, wie sehr die Gebetspraxis, die früher regelmäßig und intensiv in vielen Familien gepflegt wurde, heute vielfach „verdunstet" ist.
- Man muss auch überlegen, wie weit die Ideen der „Basisgemeinden" aus Südamerika für unsere Situation in Deutschland bzw. in Europa hilfreich sein können.

Es bleiben wichtige Fragen, die großteils im Rahmen eines Synodalen Wegs nicht gelöst werden können, weil sie ausgreifen auf die Regeln der Weltkirche.

1. Wie kann eine Kirche in Deutschland überleben, die „arm an Priestern" ist?
Es versteht sich: Niemand weiß darauf eine Antwort. Dabei empfiehlt es sich, auf die Amazonien-Synode des vergangenen Jahres und ihre Ergebnisse zu schauen, auch wenn die Verhältnisse dort und in Europa grundverschieden sind.

Wichtig erscheint mir auf alle Fälle:
a) Es muss Zentren, „Oasen" des Glaubens geben. Solche Orte können und sollen auch von Nicht-Priestern wie Ordensleuten, pastoralen Mitarbeitern und gut geschulten Laien getragen sein.
b) Es braucht eine klug ausgerichtete, gut vernetzte Öffentlichkeitsarbeit. Diese ist natürlich bereits vorhanden, muss jedoch weiter miteinander „verzahnt" und intensiviert werden.
c) Das Engagement der Kirche auf dem Sektor der Schulen muss weiter ausgebaut werden.
d) Das kirchliche Zeugnis aller Einrichtungen der Caritas, der kirchlichen Krankenhäuser und Krankendienste ist gegenwärtig bereits ein Leuchtturm christlichen Lebens und muss weiter gestärkt werden.

2. Die Zusammenarbeit von Staat und Kirche hat in Deutschland eine eigene Jahrhunderte alte Geschichte. Doch es wächst Widerstand gegen diese Verzahnung, insbesondere im Bereich der Finanzen. Auf lange Sicht wird man nicht umhin kommen, hier Trennlinien zu ziehen. Die massiven Auswirkungen habe ich weiter oben bereits darzulegen versucht. Wird die größere „Eigenständigkeit" der Kirche im Verhältnis zum Staat zu mehr „Freiheit" führen? Ist es nur eine Vision: Eine „arme Kirche", die aber mit mehr „Freimut" des Glaubens vor der Welt auftritt?

3. Im Hinblick auf viele Probleme unserer Gesellschaft muss die Kirche auf die Erkenntnisse der modernen Wissenschaft hören, um in Konfliktfällen klug und klar die christliche Botschaft einbringen zu können. Dies tut die Kirche größtenteils heute bereits über ihre Foren in Akademien und wissenschaftlichen Gesprächskreisen. Die Kirche tut gut daran, wenn sie sich eigenständig und unabhängig gegenüber den politischen Parteien, gegenüber den gesellschaftlichen Vereinigungen und Gruppen zeigt und sich ein eigenes Urteil bildet. Gleiches gilt es zu beachten in den vielen Fragen und Probleme rund um Ehe, Familie, Erziehung, Sexualität, Wert des menschlichen Lebens usw. Hierbei gibt es viele Bereiche, wo die Kirche im Namen des christlichen Menschenbildes ihre Stimme erheben muss. Doch ebenso sind die Erkenntnisse der modernen Wissenschaften zu berücksichtigen.

4. Wie soll künftig die Rolle der Frau in der Kirche aussehen? Mit gutem Recht wird man dies als eine Kernfrage bezeichnen dürfen, denn in diesem Punkt klaffen das Selbstverständnis der Frauen und die Praxis der Kirche weit auseinander. Die maßgeblichen Leute in der Kirche müssen sich auch bewusst sein, dass ihre Argumente, nur Männer zu den kirchlichen Weihen zuzulassen, letztlich nicht überzeugen. Man wird den Verantwortlichen der Kirche in Deutschland freilich zugute halten, dass viel getan wurde, um Frauen wichtige Verwaltungsaufga-

ben zu übertragen. Doch gerade dieses Faktum lässt den Ausschluss der Frauen von den Weiheämtern noch krasser erscheinen.

5. Mich bewegt ebenso die Frage der Aussöhnung mit der evangelischen Kirche – ich wäre geneigt, es auch Verschmelzung zu nennen – die mir dringlicher erscheint, als oft dargestellt. Es gibt wahrlich eine große Gruppe von Gläubigen, die diese engere Verflechtung oder, noch besser gesagt, Wiedervereinigung wünschen. Im Grunde sind die theologischen Grundlagen gelegt, damit zusammenwachsen kann, was zusammengehört. Eine Mehrzahl beider Seiten befürwortet: die Anerkennung des Papstes als obersten Hirten, den weiteren Ausbau der synodalen Struktur der Kirche, die gegenseitige Anerkennung von Abendmahl und Eucharistie sowie die Anerkennung der kirchlichen Ämter. Mir ist klar: Hierfür braucht es auf beiden Seiten maßgebliche Personen, die mit Umsicht, Glaubensfestigkeit und Klugheit die Wege zusammenführen.

Ich denke zurück an die gemeinsame Erklärung der beiden Kirchen zur Rechtfertigung. Der Ursprung des Streits zwischen der katholischen und evangelischen Kirche war hier mit einem gemeinsamen Dokument aufgehoben. Doch die Öffentlichkeit hat dies kaum wahrgenommen. Mit dazu beigetragen hat der sehr dogmatische Tenor des Dokuments, dessen Feinheiten nur Theologen verstehen. Ansonsten lief alles weiter wie bisher. Zugegeben, gewisse Kontakte wurden noch vertieft. Es gab zwei eindrucksvolle ökumenische Kirchentage in Berlin und München. Doch beide Organisationen führen ihre Arbeit weiter wie gewohnt – auf getrennten Gleisen.

Was nottut, ist ein Treffen der maßgeblichen Vertreter beider Seiten, mit dem festen Willen, eine gemeinsame Kirche zu „bauen". Im Vordergrund muss die gegenseitige Anerkennung und das gemeinsame Festhalten an den Glaubensgrundsätzen stehen, wie ich es erwähnt habe. Und wenn einige sagen: Aber wie ist es dann mit dem Zölibat? Dann möchte ich auf die unierten Kirchen verweisen, wo es nach wie vor – freilich unter strengen Regeln – verheiratete Pfarrer gibt. Und wie ist es mit der Frauenordination? Ja, ich gebe zu, hier müsste sich in der Tat die katholische Kirche „bewegen" im Sinne einer größeren Einheit. Wichtig ist die gegenseitige Anerkennung – auch der Ämter.

Hierbei wird gerne erwähnt, eine Zusammenführung der beiden großen Kirchen berührt besonders uns Deutsche, weniger die weite Welt. Denn die Zerspitterung der christlichen Kirchen in mehr als 300 Einzelgemeinschaften gleicht fast einem Stück Stoff, das durch den Reißwolf gegangen ist. Das ist richtig. Doch ich denke dabei als Deutscher und weiß, dass vor rund 500 Jahren gerade von deutschem Boden eine schwerwiegende Spaltung der Christenheit ausging, was mit die Ursache für etliche weitere Abspaltungen war. Insofern könnte von einer Wiederaussöhnung zwischen der Katholischen und der Evangelischen Kirche eine wichtige Signalwirkung ausgehen. Ich will mir jedenfalls die Hoffnung nicht rauben lassen.

Auf der anderen Seite wird mit gutem Recht betont, eine solche Wiedervereinigung oder Zusammenführung würde sowohl auf katholischer Seite – hier besonders bei den mehr traditionell Orientierten – wie auch auf evangelischer Seite – hier vor allem unter den mehr „protestantisch" Denkenden – zu Abspaltungen führen. Ich gebe freilich zu bedenken, dass es im Grunde immer Abspaltungen gibt – auf allen Seiten. Manchmal bleiben sie eher unter der Decke. Manchmal treten sie offen zu Tage – so etwa bei den Anhängern der Priesterbruderschaft Pius X. Letztere betonen bei allen Gelegenheiten, dass sie die „alte, wahre" Kirche erhalten wollen; erstere verlassen einfach still eine Kirchengemeinde oder sie lehnen es ab, der Messe bei einem bestimmten Priester beizuwohnen. Niemand wird leugnen können, dass die Kirche innerhalb der letzten 50 Jahre wesentlich vielfältiger geworden ist, nicht in dogmatischer Hinsicht, jedoch in der praktischen Gestaltung des liturgischen und allgemein christlichen Lebens. Man muss wahrlich nicht alles Kirchliche über einen Kamm scheren.

Eine gewisse Großmut und Weite des Geistes ist immer angebracht. Doch im Grundsatz lebt in mir die Hoffnung auf eine Wiederversöhnung der katholischen und der evangelischen Kirche. Ich bin überzeugt: Daraus würde ein starker Impuls für das Christliche in unserer Gesellschaft ausgehen.

Gedanken zum Ausklang

Am 21. März 2014 hat meine Arbeit und Verantwortung als Pfarrer ganz plötzlich ein Ende gefunden. Am Vorabend konnte ich noch die – für mich 4. – konstituierende Sitzung des Pfarrgemeinderats erfolgreich zum Abschluss bringen. In der Frühe hatte ich das Sitzungsprotokoll mit allen Funktionen, Beauftragungen, Adressen usw. fertiggestellt und per e-mail an die Teilnehmer weitergeleitet. Mit dem Fahrrad erledigte ich noch einige Besorgungen und bereitete am PC meine nächsten Aufgaben vor.

Da überkam mich ein Herzinfarkt – ganz überraschend. Zum Glück kam ich in die Hände eines erfahrenen Herzchirurgen, der mir in einer Operation von vier Stunden drei Bypässe legte. Mit seiner Hilfe konnte ich mich sehr bald erholen und fühle mich heute gesund. Was ich im ersten Augenblick freilich nicht wahrhaben wollte: Mein Engagement als verantwortlicher Pfarrer war damit auf einen Schlag beendet. Ich habe zwar noch ein paar Gottesdienste gefeiert, auch die eine oder andere Trauung oder Taufe gehalten. Doch meine Versetzung in den Ruhestand war geregelt.

Nun lebe ich im Ruhestand. Ich helfe den Mitbrüdern in der Nachbarschaft aus, so gut ich kann, reise zu den verschiedensten Kirchen und Kapellen. Ich tue es mit Freude. Ich bin dankbar, dass ich alles nun mit mehr Ruhe angehen kann. Dennoch: Mir persönlich fehlt die Bindung an eine „Gemeinde", an einen Ort, wo meine geistliche „Heimat" ist. Dies unterstreicht nur, was ich oben für alle Gläubigen betont habe: Die Menschen suchen – gerade auch im Glauben – eine „Heimat".

Hat die Kirche in Deutschland Zukunft?

Ich möchte auf dreifache Weise antworten:
- Ich kann mir nicht vorstellen, dass in einem so tief vom Christentum geprägten Land die Gesellschaft komplett ihre religiöse Verankerung verliert. Die Geschichte kennt freilich Beispiele, wo solches eingetreten ist. Diese Gefahr besteht. Wer es leugnet, steckt den Kopf in den Sand.
- Ich kann mir nicht vorstellen, dass die Botschaft Jesu, wie sie uns in der Hl. Schrift dargeboten wird, von den Menschen nicht mehr angenommen wird. Es sind zu viele menschliche und religiöse Werte in ihr grundgelegt. Ich bin überzeugt, dass diese Botschaft immer wieder wach rütteln und begeistern wird.
- Angesichts der Vielfalt unserer Gesellschaft wird die Kirche immer eine Minderheit darstellen. Das Bild von der Kirche im Zentrum einer Stadt, deren Turm am höchsten aufragt, gehört der Vergangenheit an. Gerade als Minderheit, aber mit einem überzeugten und überzeugenden Kern hat die Kirche eine Chance, ja sogar eine wichtige Funktion in der Gesellschaft. Treffend ist hier das Bild vom Salz der Erde.

Ich halte es mit Karl Rahner, von dem das berühmte Zitat stammt: „Der Christ der Zukunft wird ein **Mystiker** sein oder er wird nicht mehr sein".

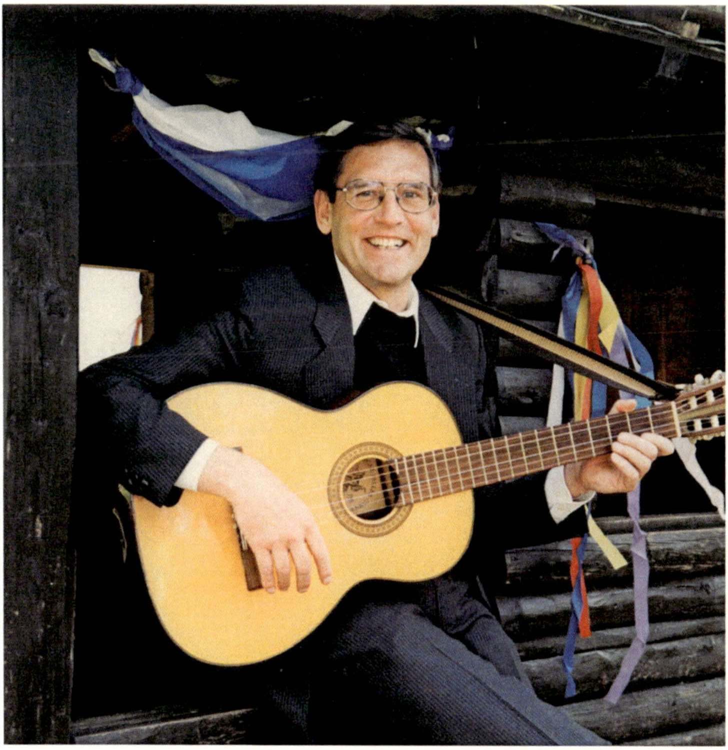

Impressum

1. Auflage 2020
Autor und Herausgeber: Bruno Fink, Ottobeuren

Bildnachweis:
S. 8 und Umschlag: Foto Berger, Prien
S. 21, 23: Foto Anton Hötzelsperger, Prien
übrige Fotos privat

Gesamtherstellung: Memminger MedienCentrum
ISBN: 978-3-927003-82-8